U0941500

抗日：中国人一定要记住的

谢春涛　主编
张卫波　编著

江西人民出版社

图书在版编目（CIP）数据

抗日：中国人一定要记住的惨案 / 张卫波编著.—南昌：江西人民出版社，2015. 7
（抗战）
ISBN 978-7-210-03145-1

Ⅰ.中…　Ⅱ.张…　Ⅲ.日本—侵华事件—1927～1937
Ⅳ.K264

中国版本图书馆CIP数据核字（2005）第032734号

抗日：中国人一定要记住的惨案
张卫波　编著
江西人民出版社出版发行
河北鹏润印刷有限公司印刷　新华书店经销
2009年5月第2版　2021年1月第7次印刷
开本：787毫米×1092毫米　1/16　印章：11.25　字数：160千
ISBN 978-7-210-03145-1　定价：39.80元

江西人民出版社　地址：南昌市三经路47号附1号
E-mail：jxpph@tom.com　web@jxpph.com
（赣人版图书凡属印刷、装订错误，请随时向承印厂调换）

前 言

1945 年 9 月 2 日，日本代表在投降书上签字，至此，中国的抗日战争胜利结束。转眼间，60 年过去了。

日本帝国主义发动的这场侵华战争，是 20 世纪乃至整个世界历史上最残酷、最血腥的战争。

在中国近代史中，没有哪一段历史比日本帝国主义侵略中国使中华民族遭受的灾难和压迫更为深重、更为屈辱。

由于这场战争，中国仅伤亡人数就达到了 3500 万，人民流离失所、财产丧失殆尽的更不在少数。

然而，不能不看到，

在战争过去 60 年后，有人在有意识地淡忘这段历史，

“过去的就让它过去了，今后一切积极向前看”，是这种论调的代表性观点。

更有人在歪曲历史。

由日本新历史教科书编撰会推出的《新历史教科书》，对早有公论的历史事实肆意篡改。只略举几例：甲午战争的爆发，是由于“清不想失掉最后的朝贡国朝鲜，开始将日本作为敌人”；九·一八事变，是由于“中国排日运动活跃”；卢沟桥事变，是因为“中国一侧对日持续射击，进入战争状态”；世所周知的南京大屠杀，该书描述为“关于这一事件的实际情况在资料上也出现了疑点，有各种各样的见解”；而对于日本的战争罪行，书中只是轻描淡写说道：“没有一个国家在战争中没有任何杀害和虐待非武装人员的事情，日本也不例外”。这难道是我们的宽容和谅解所应得到的回应吗？

忘记历史就等于背叛，明史知耻、明史知理、明史知责。当这场战争离我们越来越远时，有理由追问：我们对这场战争，到底还了解多少，记忆了什么，理解了什么？

翻开这套书，我们可以看到侵略战争的残酷，抗战的伟大壮烈。了解这些以后，可以说，我们没有理由忘掉这场战争，没有理由忘掉侵略者那种惨绝人寰、令人发指的罪行，那种灭绝人性、泯灭良知的蹂躏；我们更没有理由忘掉那些为了民族的独立而舍命把自己的血肉化作一抔尘土的抗日先烈们。

在日本帝国主义的入侵面前，中华民族的灾难深重到了极点，中华民族的浴血反抗也沸腾到了顶点。我们经历了落后挨打的耻辱，我们更证明了众志成城的民族伟力。在抗日战争胜利60年后的今天，我们回顾历史，是因为我们深信：历史只有不断地被记起，才能对得起无数丧身在侵略者铁蹄下的同胞，才能对得起无数为民族独立牺牲的先烈，才可能将我们曾经经历的灾难与抗争融入民族的记忆中，并使其不断强化着我们的忧患意识，也不断强化着实现民族复兴的巨大动力。

目 录

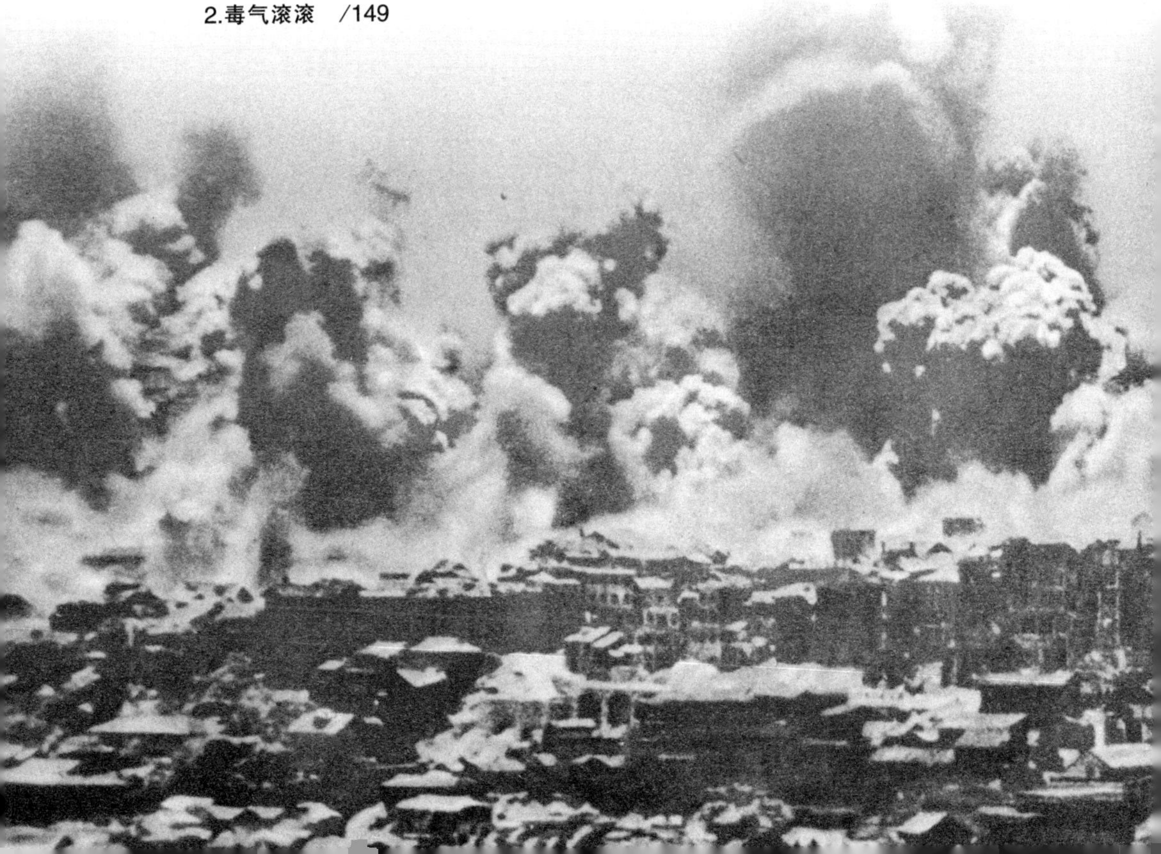

一

东北血泪：
抚顺平顶山惨案

这时，三脚架上的黑布揭开了，人们惊恐地发现蒙在黑布下面的并不是照相机，而是6挺冰冷的机枪。

九一八事变后，东北沦陷。为了反抗日军侵略，保家卫国，东北各地人民纷纷组成抗日自卫军，与日伪军在白山黑水间周旋作战，给日军造成很大威胁。对于抗日自卫军的袭击，日军防不胜防。在无力对付抗日自卫军时，他们便对老百姓下毒手，屠杀大批无辜平民，制造了累累惨案，其中“平顶山惨案”屠杀平民3000余人，是日军在东北地区制造的最大的惨案之一。

1. 预谋屠杀

平顶山位于辽宁省抚顺市南郊，西露天煤矿东部。这个地方原是一个小土山，由于西露天煤矿向东延伸开拓，矿工在这里搭盖简易房屋居住，便逐渐形成了一个村庄。由于这里是由小土山逐渐挖平而成，大家就把这个村子叫平顶山。这里住有400多户人家，3500多人，大多数是矿工，还有少量的小商贩和小手工业者。

平顶山惨案殉难同胞纪念碑

1932年9月15日，即旧历中秋节，一路辽宁民众抗日自卫军大刀队，在攻打抚顺时，烧了平顶山的日军配给店，打死了杨柏堡炭矿长渡边宽一，并烧了那里的六仓库、工场、选炭所、变电所等，给了日本殖民者沉重的打击。抗日自卫军夜袭抚顺时，日军守备队长川上正在沈阳，当得知消息之后，他恼羞成怒，便于第二天早上赶回抚顺，开会筹划对平顶山人民进行报复。会议在日本宪兵分遣队队

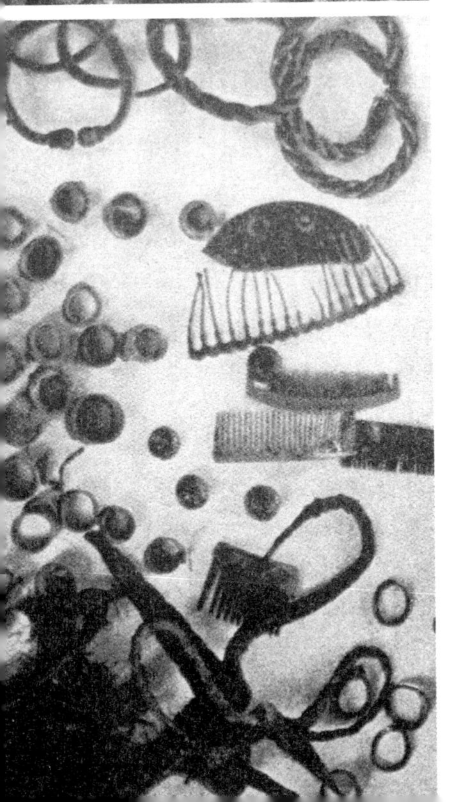

←平顶山殉难同胞的遗骨

↙平顶山殉难同胞的遗物

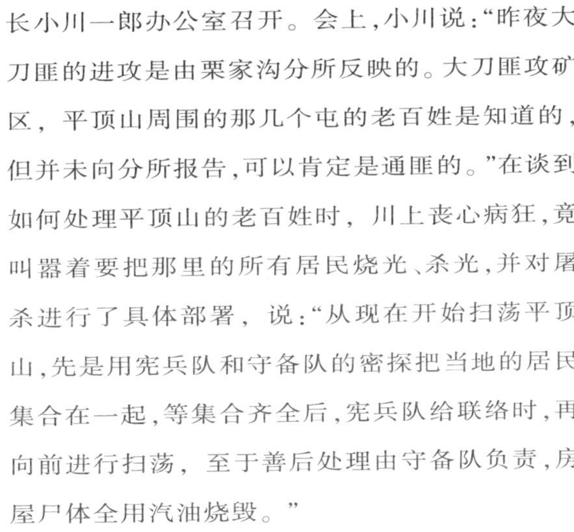

长小川一郎办公室召开。会上，小川说：“昨夜大刀匪的进攻是由栗家沟分所反映的。大刀匪攻矿区，平顶山周围的那几个屯的老百姓是知道的，但并未向分所报告，可以肯定是通匪的。”在谈到如何处理平顶山的老百姓时，川上丧心病狂，竟叫嚣着要把那里的所有居民烧光、杀光，并对屠杀进行了具体部署，说：“从现在开始扫荡平顶山，先是用宪兵队和守备队的密探把当地的居民集合在一起，等集合齐全后，宪兵队给联络时，再向前进行扫荡，至于善后处理由守备队负责，房屋尸体全用汽油烧毁。”

一切都布置好了以后，16日，190多名全副武装的日军宪兵队和守备队，乘着汽车气势汹汹地向平顶山村开进，准备对这里的老百姓进行疯狂屠杀。为了将村里老百姓集中起来，他们软硬兼施，哄骗并威逼人们出来照相，说：“去照相，照相没有关系，不照相就是通匪。”在日军刺刀的威逼下，善良的村民向村南面的一块草地集中，有一个60多岁的老太太，因手脚不灵，不能走动，被日本兵当场用刺刀扎死。

人群集中到草地以后，才发现周围的汽车上、山坡上已经站满了许多端着刺刀的日军，还摆着一个蒙着黑布带着三脚架的东西。正当人们心存疑虑时，突然，人群中有人尖叫："不好！日本人放火烧房子啦！"人群开始骚动，大家试图冲出去救火，但很快被日军拦住了。不一会儿，只见整个平顶山村浓烟弥漫，大火冲天。眼睁睁地看着家园被大火吞噬，人们心如刀割。

这时，三脚架上的黑布揭开了，人们惊恐地发现蒙在黑布下面的并不是照相机，而是6挺冰冷的机枪。

霎时间，人群更加慌乱，醒悟过来的人们纷纷向四周冲去。但是，已经来不及了，机枪咆哮着向人群射击，伴随着密集的枪声，人群纷纷倒下，殷红的鲜血洒满了地面。躺在血泊中的有青年人，有未满周岁的婴儿，也有70多岁的老太太，还有怀孕的妇女。屠杀持续了一个多小时后，日军准备走时，看见还有人没有死，又用刺刀把受伤而未断气的人扎死；看见有的婴儿还含着母亲的乳头，有的依在母亲身旁啼哭，狠毒的鬼子就把他们一一扎死；有的日本兵还用刺刀扎着婴儿举起一丈多高再摔在地上；有一妇女，当日军的刺刀刺进她的胸膛时，猛然坐了起来，双手抓住刺刀。刽子手一脚将她踢倒在地，狠狠拔出刺刀，她的十个手指"刷"地一下被割落在地。

2. 血泪控诉

杨占有家原有24人，惨案中有18位亲人被日军杀害。回忆屠杀经过，他悲痛欲绝，说："人们被赶到山上后，鬼子说：'你们站好，给你们照相。'接着就开枪了。这时我抱着四岁的小女杨玉英，子弹就从我的左胳膊穿过去，我倒下了。我眼看着我妻子、孩子、嫂子都被打死。他们的尸体压在我的身上。我就假装死了。屠杀继续进行约有一个多小时，鬼子要走了，看见还有人没有死，又用刺刀把受伤而未断气的人扎死。刺刀从我的腰边扎过，幸好没有扎中要害。天快黑了，鬼子都走了。这时满天都是雾，细雨连绵，我从尸体中挣扎起来，扶起我的两个姑娘。只见我的妻子和姓顾的老婆的肚子都被剖开，七八个月的胎儿及大肠流在地上。我背上四岁的小女玉英，手里领着七岁的姑娘玉风，血从我的脸上淌下，眼泪从眼眶中涌流下来。两个姑娘也在哭着、叫着：‘妈呀！妈妈呀！’”

方树(素)荣家有8口人，惨案中有7位亲人被杀，只剩下他孤苦伶仃的一人。回忆当时的情景，他说：“第二天(9月16日)，我和弟弟在门口玩，看见很多汽车载着戴铁帽子、扛抢的日本鬼子，我问我的祖父：‘爷爷，那是什么？’我父亲看情况不好，乘机翻墙逃走，鬼子就‘叭’的一抢，把我父亲给打死了。接着鬼子就连推带拉，把人都赶到山顶，说要给我们照相。到了山上，妇女、小孩有的坐在地上，有的站着，鬼子就向人群开枪。我爷爷抱着我，把我压在身底下，这时我昏迷了。后来我睁开眼一看，只见我的爷爷、奶奶、弟弟……都被打死了，我母亲的头被打破了，白白的脑浆流了很多，两岁的小弟弟还在我母亲身边爬着叫：‘妈呀！妈呀！’鬼子用刺刀一扎，往远处一摔。这时，我一动也不敢动。天快亮了，鬼子都走了，受伤而未死的人都哭着叫着：‘救命呀！救命呀！’这时我才回家，看房子已被烧了，我又回到死了的爷爷身边呆了一宿。第二天，我到大房子(工人单身宿舍)里，就被煤矿工人藏起来了。当时我满身是血，好几处伤口，如今我的脖子、胳膊、腰部等处还有八处伤痕。事后鬼子还出布告：‘不准收留平顶山的人，谁要收留就把谁处死。’我姥姥得知我的下落后，才把我接到家里。”

洪振儒家有5人，惨案中他的妻子、儿子和两个姑娘有的被打死了，有的被

平顶山惨案的部分遗骨

殉难同胞遗骨馆

鬼子用刺刀扎死了。他因为全身沾满了鲜血，被日本兵误认为死了，才捡了一条命。

据统计，在抚顺平顶山，共有3000多名无辜平民被日军枪杀，400多户人家几乎绝户，800多间民房被烧毁。除此之外，日军当天还在平顶山附近的栗家沟、东西千金堡屠杀了180余名百姓。为了毁灭证据，掩盖罪行，第二天，日军又让人把遇难者的尸体集中到一起，浇上汽油烧掉，并用山炮轰下了半壁山崖掩盖未烧尽的尸骨。

平顶山惨案是日军在中国制造的罕见惨案之一。随着惨案细节的暴露，惨案的真相也逐渐大白于天下，上海《新闻报》等一些报纸也对此进行了报道。闻知此事，举国愤慨，纷纷要求政府出面交涉。迫于舆论压力，1932年11月，国民政府外交部就平顶山惨案问题向日本政府提出了严重抗议，指出：

“日本军队既强占中国领土，其残暴嗜杀又若是之甚，实属近代人类历史上所罕见之事。不独中国人民愤怒已极，举世人士亦莫不为之震骇。”

同时，要求日本政府严肃军纪，“迅将非法占据东三省之日军全部撤退，并将占据各地交还中国政府”。尽管事实确凿，抗议言词激烈，但是日本政府和侵华日军并不以为然，而是继续屠杀中国无辜百姓，制造了无数惨案。为了纪念平顶山惨案中遇难的同胞，新中国成立后，当地政府先后建立了平顶山殉难同胞纪念碑和平顶山殉难同胞遗骨馆。

二

秘密武器：
罪恶的细菌战

日本是第二次世界大战所有的交战国中唯一在战场上使用细菌武器的国家。

侵华日军在屠杀中国人的方式上几乎是尽其所能，不仅使用了各种常规武器，而且还公然违背国际法使用了秘密杀人武器——细菌武器。

日本是第二次世界大战所有的交战国中唯一在战场上使用细菌武器的国家。

为了弥补资源不足局限，尽快征服中国，日军先后在我国东北哈尔滨和长春、华北的北京、华南的广州，以及南洋的新加坡、马来西亚等地建立了大型的细菌战基地和工厂，并在我国63个大中城市建立了分部和工厂。

他们无视生命，违背人性，无论是在两军对垒和交战期间，还是在对敌后根据地的扫荡过程中，都肆无忌惮地使用了细菌武器，使我国很多地方疫病大面积流行，人口大量死亡，悲惨凄凉景象，无以复加。

据不完全统计，抗战期间侵华日军在中国的14个省（市）77个县（区），使用毒气2091次，其中对华北游击部队使用423次，造成33000余人伤亡，对中国正规军使用1668次，使中国官兵死亡6000余人，受伤41000余人，同时，至少有27万无辜平民因细菌战而死亡，仅敌后根据地就有1200万人因细菌战而患传染病。

侵华日军的细菌战惨绝人寰，给中国造成了巨大损失和无穷的祸害，时至今日，遗留在华的200多万枚的毒气弹仍然时不时的挥发伤人，严重干扰着人们的正常生活。

↗ “731”部队遗址

→731部队鸟瞰图

1. 细菌战部队

侵华日军的细菌战研究最初在日本东京陆军军医学院的防疫研究室进行。负责人是在京都卫戍医院任职的军医大尉石井四郎。石井四郎十分热衷于细菌战，曾多次献计日本政府实施细菌战，指出“缺乏资源的日本要想取胜，只能依靠细菌战”，并解释说：

“细菌武器的第一个特点是威力大，钢铁制造的炮弹只能杀伤其周围一定数量的人，细菌战剂具有传染性，可以从人再传染给人，从农村传染到城市，其杀伤力不仅远比炮弹广，而且死亡率非常高。第二个特点是使用少量的经费即可制成，这对钢铁较少的日本来说尤为合适。”

石井四郎的建议被日本政府采纳，细菌战由此成为侵华日军的一种重要作战方式。

九一八事变后，日军占领我东三省，从此日军开始在东北进行大规模的细菌战研究和生化武器的生产。

日军从事细菌战研究的机构和人数是极其庞大的。其中最著名的就是关东军第731部队和长春满洲第100部队。

731部队又称作关东军防疫给水部，总部设在哈尔滨东南郊平房镇。内设8个部、4个支队、1个所，拥有3000多名日本医学博士、教授、专家和技术人员，有据可考的博士、教授15名，将校军官50名，尉级军官600名。

731部队内部的各个部门的分工十分明确。8个部的职责分别是：第一部为

←731部队北洼地焚尸炉遗址

↖731部队城子沟野外实验场遗址
↙731部队地下瓦斯储藏室遗址
→731部队小动物饲养室遗址

细菌研究部，菊地少将任部长。该部下设从事鼠疫苗研究的"高桥班"、从事病毒研究的"笠原班"、从事细菌传播媒介物——昆虫研究的"田中班"、从事冻伤研究的"吉村班"、从事赤痢研究的"江岛班"、从事霍乱研究的"凑班"、从事病理研究的"岗本班"和"石川班"、从事血清研究的"内海班"、从事伤寒研究的"四部班"、从事结核研究的"二木班"、从事药理研究的"草味班"、从事立克次氏体（包括跳蚤）研究的"野口班"、从事细菌对人传染适应性研究的"川上班"（仅存在4个月，因川上技师病死而停止）。第二部为细菌实验部，太田澄大佐兼任部长。这个部除用动物和活人进行细菌试验外，还通过"八木泽班"从事植物病毒研究和传染试验；设置了"石井"动物饲养班繁殖细菌传播媒介物的分部；在正黄旗三屯西南城子沟设立了临时实验场，在安达镇东35华里的鞠家窑附近设置了特别实验靶场，还有为细菌实验服务的"航空班"、"无线电班"和"气象班"。第三部为防疫给水部，江口中佐任部长。这个部设在哈尔滨市内宣化班，是在原"加茂部队"旧址上重新组建的。它辖有滤水品制造厂和在杨马架子建立的细菌瓷弹壳制造厂。它在制造滤水器的掩护下，秘密生产土陶制成的"石井式"细菌弹壳。同时，它还在731部队本部所在地平房设置了各类小型细菌武器的研制、生产场所。此外，为整个731部队服务的“运输班”归该部领导。第四部为细菌生产部，川岛清少将任部长。该部下设两个分部，每个分部按照各自的分工独立进行各类细菌的制造，由柄泽班、有田班、胡北奈班、山谷班和山口班完成从细菌繁殖到细菌武器装配的全套工序。第五部是总务部，部长初期由中留中佐任，后期由太田澄大佐兼任。该部是731部队的中枢部门，下设调查课，包括秋贞班、调查班、庶务班、兵要地志班、照相班、印刷班、电报室、图书室、邮政所；管理课，包括劳务班、工务班、建设班、庶务课，包括动力班、酒保、食堂、宿舍等，还有人事课、会计课、企画课、标本陈列室。它的权力很大，不仅负责整个部队的文秘、人事、财务、计划、后勤和劳工管理等工作，还负责与宪兵队联系和接收供做细菌试验用的受试者。第六部是训练教育部，部长初期由园田大佐任，后期由西俊英中佐接任。下设卫生兵教育队、特种人员训练队、少年队等。这个部专门培训从事细菌研究、细菌生产、细菌实验和使用细菌武器的专业人员。第七部是器材供应部，由大谷少将任部长。下设第一仓库、第二仓库、兵器库、菌苗血

731部队动力班锅炉房遗址

细菌战的祸首
石井四郎

清库等。它除了负责器材设备的贮存与供应外,还担负实验用的动物的运输和各类菌苗、疫苗的贮存任务。第八部是诊疗部,永山大佐任部长。设诊疗部、日本军人家属医院,负责对日本人的疾病的预防和治疗。此外,还有一个与各部平行的管理监狱的"特别班"。它由石井四郎的二哥石井刚男负责。

4个支队的职责分别是:林口支队,又称162支队,设在林口镇和古城镇之间,拥有日本研究人员226名,神原秀夫少佐任支队长。孙吴支队,又称673支队,设在孙吴镇的西山,拥有日本研究人员136名,西俊英中佐兼任支队长。海拉尔支队,又称543支队,设在海拉尔市西南1.5公里处,拥有日本研究人员226名,加藤恒则少佐任支队长。牡丹江支队,又称海林支队、643支队,设在海林镇东北6公里处的后腰屯(现在的福利屯),拥有日本研究人员200名,尾上正男少佐任支队长。

设在大连市内的"满铁卫生研究所",拥有日本研究、工作人员92名,由安东洪次少将任所长。该所过去属于伪满铁道株式会社,由于石井四郎的要求,编入了第731部队。其任务是除制造各种传染病的预防疫苗外,还为细菌战养殖大量的小白鼠。

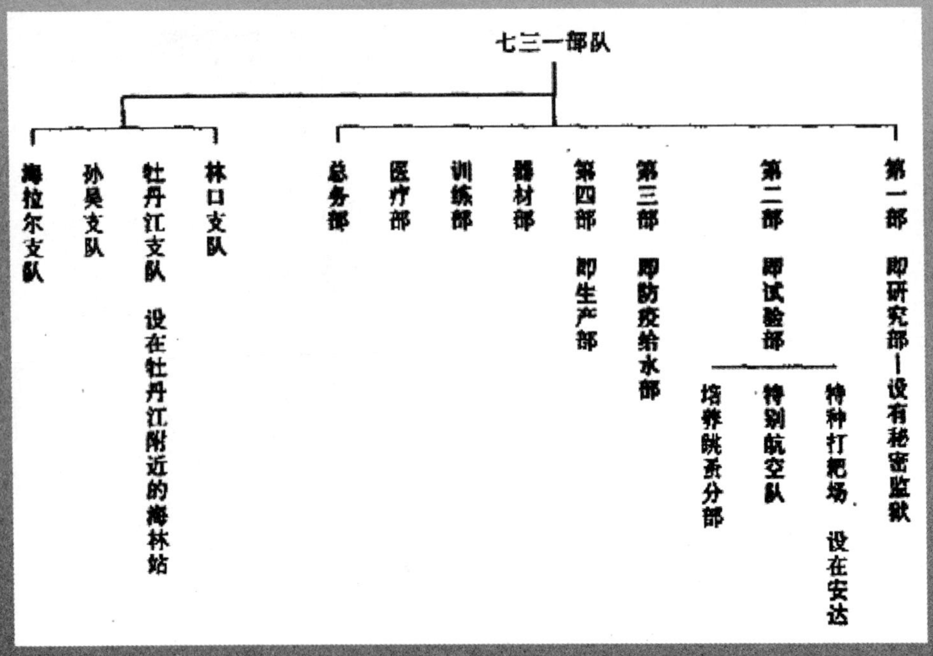

↑731部队组织结构

↓第100部队的组织结构

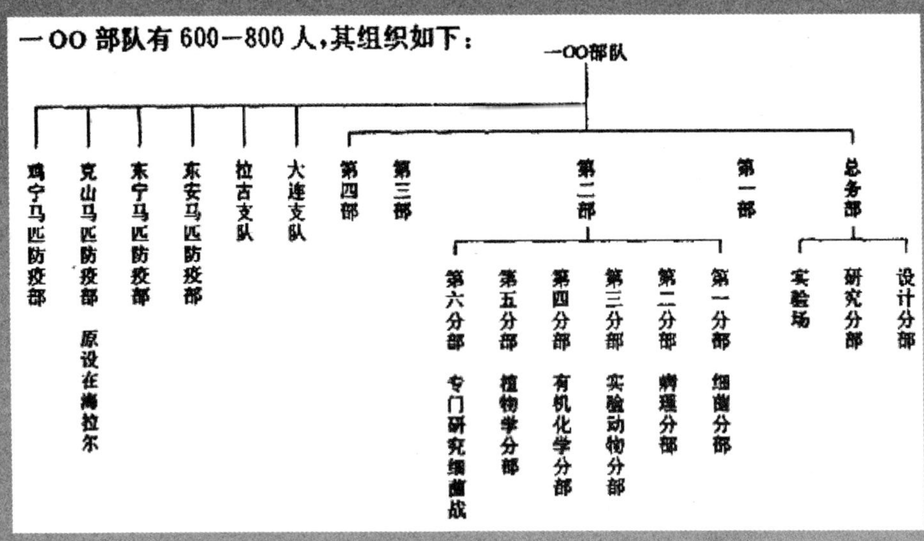

而长春的第100部队又称做牲畜及农作物细菌战部队，有600~800人，总部设在长春南郊孟家屯。名义上进行兽疫预防和农作物病菌研究，其实主要研制专门杀伤牲畜、植物的细菌武器。它是一个用许多细菌学工作人员、化学家、兽医和农艺家配备起来的一个实验工作队。这支秘密部队所进行的全部工作，都是为准备反苏的破坏性的细菌战。其工作人员曾进行一种科学研究工作，来专门探求大量使用各种细菌和烈性毒药来大规模杀死人和牲畜的方法。为了达到这个目的，在这支部队内专门养有马匹、乳牛及其他牲畜，并且还单独拘禁一些活人，专门作为实验之用。

731部队和第100部队这两支特殊部队惨无人道地以活人为实验品进行细菌战实验，制造了大量细菌战用剂，使细菌武器成为关东军异常厉害的武器。

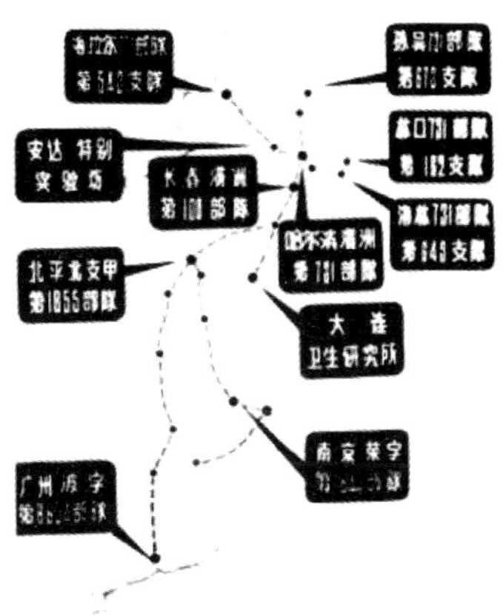

↑侵华日军细菌部队分布示意图

↓731部队高级军官合影

↑731 部队本部大楼

←北京1 855部队遗址

↓南京1 644部队遗址

↑长春第100部队

↓广州8604部队遗址

七·七事变后,全面抗战爆发。由于战线不断拉长,侵华日军的细菌战部队也随之大规模扩充。1938年7月,成立了18个师团属防疫给水部队(即细菌战部队),在战场上的各个师团中进行活动。为了对付各地的抗日斗争,1939年起侵华日军又先后在华北的北平建立了北支甲第1855部队,在华中的南京建立了荣字第1644部队,在华南的广州建立了波字第8604部队,在东南亚的新加坡和马来西亚各建立了冈字第9420部队,并在华北、华中、华南数十个城市设立了支队,来从事细菌战活动。整个中华大地基本上都笼罩在日军的细菌战网络中。

2. 种类繁多的细菌武器

日军细菌战部队携带的培养物多得惊人,仅南京细菌工厂一处的培养用物就能装满10节火车车厢,林口支部的培养用物可装60辆卡车,其他部队也是同样的装备标准。细菌战是日军战场上的杀手锏。日军战败前,还准备释放大量各种烈性致病菌以及300万只带鼠疫菌的老鼠,用心极其险恶。幸亏我军和盟军及时反攻,才制止了这场灾难。

侵华日军研究出的细菌武器种类之多,也骇人听闻。

这些能够在细菌战中运用的武器包括肠伤寒、副伤寒、霍乱、赤痢、炭疽热、马鼻疽、鼠疫、破伤风、瓦斯、坏疽等等病源菌,以及过滤性病毒、立克次氏体(斑疹伤寒等病原体)。

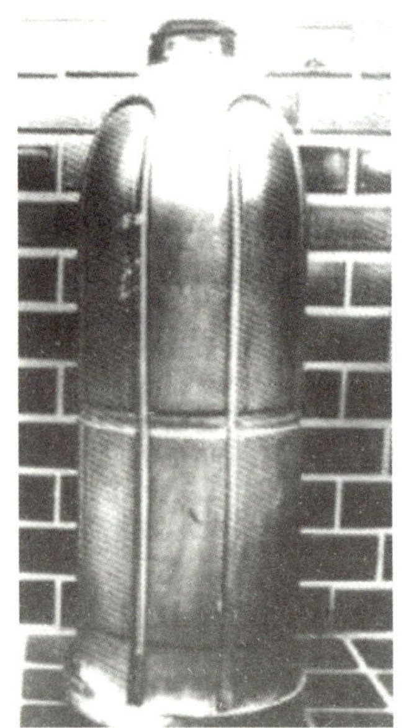

731部队石井式陶瓷弹

石井式细菌培养箱

根据731队员揭发，石井中将把鼠疫和霍乱两大菌种，看作是进行细菌战的“两种基本武器”，不但是他们的主要研究课题，而且进行了大量生产。为此，731部队建立了鼠疫、霍乱“两大武器”的特别研制基地，并负责对老鼠和跳蚤的饲养。有一个田中班，拥有4500个鼠疫跳蚤饲养器，几天时间，就可繁殖一亿只跳蚤，两个月可以制造几十公斤鼠疫跳蚤。在海拉尔的第543支队内，通常养育着1.6万只老鼠。在一个生产周期里，这个部队即能生产不下3万万亿的微生物，培养出300公斤鼠疫细菌及用做细菌武器的跳蚤。1945年，为挽救日军败局，石井下达了“增产300万只老鼠的命令，鼠疫跳蚤增产目标定为300公斤，约10亿只。这支部队全力以赴突击生产细菌武器，光鼠疫菌就增产了大约20公斤，加上原来贮藏的干燥鼠疫菌(速溶鼠疫苗)，已达到100公斤。这种干燥鼠疫茵比普通鼠疫苗毒性大60倍。这个部队还生产了大量的伤寒、霍乱、赤痢、脾脱疽等各种细菌。

据日本作家森村估计，“731”的细菌储备量，在科学上讲灭绝全人类也是绰绰有余的。

为了更多更快的杀人，侵华日军还研究了散布细菌的手段，即用飞机、炮弹和人工散布三种方法。首先他们研制了特殊投掷细菌的炸弹、炮弹和飞机喷雾

器。据石井供认,他们

“已经发明和实验了9种用于飞机投掷的炸弹,其中包括为污染地面和产生传染云而设计的炸弹,还有破坏人的皮肤,利用伤口进行感染的炸弹。”

日军细菌部队广泛使用的炸弹,即所谓“石井式黏土制细菌炸弹”,它的特点是既不会损伤细菌,也不会留下罪行物证。石井曾向盟军司令部供认:731制造的细菌炸弹总数,6年共有2470枚各种型号的炸弹。有一种“50型宇治式”炸弹总重量约25公斤,容量为10公升。而“100型宇治式”炸弹则更大,装载容量约25公升。

日军实施细菌战,也必然会染及其自身的兵员。为了自身的安全,731部队

731部队溃逃时将所有陶瓷弹壳捣毁

还研制出疫苗血清和多种药品，以达到预防和诊断治疗的目的。这些药品和医术被当时日本医学界称为“精华”，被日军赞为“天才”的发现。他们成功研制出伤寒、霍乱、破伤风、鼠疫等类血清，特别是防治鼠疫的血清为世界首创。据冈村宁茨战后回忆录中说：“石井亲自对我透露说，获得专利权的项目就有200种之多。”

然而，他们研制的血清，是强迫成百上千活人饮用或注射活菌进行感染和发病的实验而获得的。

日本战败投降，为销毁他们细菌战的罪证，全部摧毁了他们在各地的细菌战研究中心和细菌工厂，杀死了全部剩下用作活体试验的战俘，销毁了他们研制的细菌武器，万余参与细菌战人员、部分设备、全部资料偷运回国。冈村宁茨说，石井“在苏军迫近哈尔滨以前，他就把研究资料的精髓部分装在三个皮箱里边，坐飞机带回东京”。当东京美军总部发现日本据有细菌战试验的资料时，细菌战犯石井等人与美军就达成了一笔肮脏的交易，石井等人表示，如果美国当局能出面保证他本人、他的上级和下级不致作为战犯受审，他可以详细介绍细菌战试验的情况。

美国当局不仅获得了有关用活人和动物解剖所得到的几千张幻灯片，而且获得了有关研究成果、细菌武器等大量报告。

这些报告书至今仍藏在美国。冈村宁茨还说：“后来经过多次洽商，其间并有赠送给石井黄金的事，结果前面谈到的那三个宝贵的皮箱，和里面装的资料一起，全部被拿到美国去了。

一位接收细菌战资料的美国医务人员说，这些资料主要是活人而并非仅仅用动物做试验，因而“具有不可估量的价值”。

3. 祸害无穷的细菌战

侵华日军大力研究和制造细菌武器的目的很明确,就是要在战场上战胜我军,并在民众中造成心理恐慌。侵华日军开始在正面战场广泛使用细菌武器是在抗日战争进入相持阶段后。特别是太平洋战争爆发后,海上战事吃紧,日军统率部决定减少在中国战场的兵力,把战略重点转向南方,并决定在浙江、江西、湖南等地实施细菌战。

细菌战的参战部队主要由731部队与1644部队联合组成,对外使用奈良部队番号,直属支那派遣军总司令部,由石井四郎负责指挥;具体攻击方法为飞机散播菌液和空投感染鼠疫的跳蚤;731部队参战人员和疫菌、器材、车辆等运至前线基地——杭州,与南京"荣"字第1644部队参战人员会合,把杭州笕桥机场划给奈良部队专用。根据当时担任中国派遣军作战主任参谋的井本熊男中佐的9月18日业务日志记载可知,日军此次细菌战攻击目标是浙赣沿海城市。1940年8月此次细菌战的战前准备完成,9月浙赣细菌战正式开始。

细菌战演习

1940年9月，宁波被列为首批攻击目标之一，为了观察细菌武器攻击的结果，日军加强了对宁波的空中侦察。10月27日晨约7时，天色阴霾，空袭警报突然嘶鸣，一架日机窜入宁波市区上空，散下大量传单后西逃，传单上写："重庆正在闹饥荒，民不聊生，日本人民则丰衣足食，尚有余粮来接济你们……"下午2时许，日机再次入侵，投下大量麦粒和面粉，散落在市中心开明街一带，该地区上空顿呈一片淡黄色云雾，瓦砾上发出沙沙的响声。

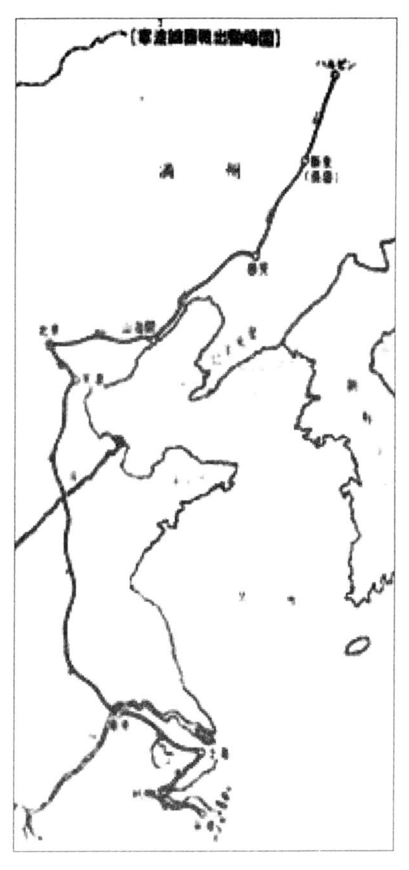

宁波的细菌战路线图

日机过后，当地跳蚤骤增，呈红色。后经证实，它们均是吸饱了鼠疫试验者血液的疫蚤。

31日晚，开明街口滋泉豆浆店店主赖福生夫妇最早疫死，接着附近许多人暴死。鼠疫在当地农村流行期达34天，居民死亡惨重。据查证，这场人为鼠疫中有名有姓的死亡人数就达109人。有一位曾担任前上海《密勒氏评论报》的美国记者约翰·威廉·鲍威尔，他曾经目睹了这次日军在宁波的细菌战。他说："我碰巧这时在宁彼。日本军队在当地进行细菌战，使得许多中国农民像不起眼的小虫子一样被杀掉。"战后才知道，日军在宁波的细菌战，是日本医学博士、细菌专家、731部队长石井四郎亲自指挥进行的。

1940年10月4日，日军对衢县（又称衢州）进行细菌战。衢州在当时战略位置十分重要，不仅浙赣线横穿其境内，水陆、公路发达，而且城东建有当时中国东南各省最大的军用机场。因此，通过细菌战攻击衢州，是侵华日军早已定好的重要军事计划。凌晨5时，一架日机侵入衢州上空，旋转一周后迅速俯冲至200~300

倭寇窮凶極惡
發動毒菌攻勢

民教館乒乓大競賽
五隊爭上得决賽權

鄞防疫處
令飭焚燬疫區
指定開明街十一處引火
各救火會均到場戒備

疫區已加封鎖
患者卅六人已死十八人

消毒工作今日

米高空，沿城西的西安门、上营街、水亭街、下营街、县西街、美俗坊等居民区散下大批麦粒、粟米、麦麸、碎布、棉花、跳蚤、小纸包（每包约有10只跳蚤）及宣传单等物品，日机往返散播两次后，于上午9时30分左右，从原方向飞离衢州。11月12日，柴家巷3号居民吴士英首先发病，15日死亡，随后又有多人发病。17日后衢城发现大量死鼠，11月上旬，在日军散布鼠疫跳蚤的地区爆发鼠疫，并呈流行之势，衢县防疫委员会在防疫期间采取了一系列严厉的措施，但由于防疫工作开始较晚，疫病已经在鼠类中流行，加之带疫外逃者为数不少，造成疫情迅速扩散。1941年衢县鼠疫疫情十分严重，根据衢县各乡镇上报统计，一年中全县城乡鼠疫死亡人数达2000余人（不包括城区患鼠疫逃避农村死亡后不报或瞒报的人数）。此次鼠疫波及义乌、江山、上饶等县市。

1941年11月，日军对湖南常德地区实施细菌战。常德是当时的交通枢纽，同时是华中一带中国军队军粮及四川大后方用粮的基地，其得失对中国军队至为关键。为了断绝中国军队和后方用粮，在大范围内传播鼠疫，11月4日上午，日军向常德城内空投了大量鼠疫细菌携带物。据目击者邓一韪老人回忆，那天天刚破晓，浓雾弥漫，常德市区便发出了空袭警报。随即有巨型日军飞机一架由东向西低飞，在常德市上空盘旋三周后，又从西门外折转市空。当其折转低飞时，没有投掷炸弹，而是在市内鸡鹅巷、关庙街、法院街、高山巷以及东门外五铺街、水府庙一带，投下大量的谷、麦、豆子、高粱和烂棉絮块、破布条、稻草屑等物。尤以关庙街一带，投下的数量最多。敌机投下谷、麦等物后的五六天中，在常德市的大街上常有死老鼠发现，有的病鼠在大街上爬行迟缓，致被行人践踏而死，街谈巷议，以为怪事，但没有人把死老鼠送医院检验，也没有引起注意。11日，发现首例鼠疫患者，之后感染鼠疫者不断，并且患者都很快死去。直到第二年春疫情才缓解，前后共染病死亡106人。

1942年8月，浙赣战役期间，由于日军的侵略遭到了中国军民的英勇抵抗，20日，日军细菌战部队的一支远征队（由731细菌部队120人和南京“荣”1644细菌部队36人，共156人组成。）投入战斗，再次对衢州军民实施细菌战。25日，日军

↖ 溆浦民报揭露日寇细菌战

↙ 当时报纸揭露日寇细菌战

细菌战的首犯石井四郎亲自到衢州部署细菌战具体作战计划。26日至31日，石井一方面派飞机观察空投鼠疫的结果，另一方面派细菌战部队随同地面部队边撤退边散播细菌，

在沿线各城乡居民区的井水、水塘、食品中投放了霍乱、伤寒、副伤寒等病菌。同时还在衢州各地居民生活环境中散播炭疽菌、疫鼠和带鼠疫菌的跳蚤。

8月31日后日军全部撤离衢州。其后，衢州沿浙赣线的各县城乡居民区相继发生了鼠疫、霍乱、伤寒、副伤寒、痢疾、疟疾、疥疮、脓疮疹、炭疽等传染病爆发流行，成千上万人死于非命。据1942年衢县防疫委员会调查，9月至12月全县患疫总人数达2万余人，死亡3000人。1943年5月，衢州各县鼠疫等多种传染病大流行，据衢州各县防疫委员会调查统计，上述各病感染者计45000余人，死亡7600余人，平均病死率16.89%。之后一些年份，经常有传染病流行，染病和死亡人数不断增加。据1948年衢州5县防疫委员会调查统计，1940年至1948年间衢州地区患日军细菌战所致的各种恶性传染病者达30万以上，病死者在50000人以上。

除了在浙江、江西、湖南地区实施细菌战外，日军还在广东、河北等一些地区进行细菌战，给中国人民造成了无穷祸害。据调查，抗日战争时期，中国许多地方曾经发生瘟疫蔓延的惨祸。不仅正面战场浙江的宁波、衢州、金华、温州以及湖南的常德一带，发生过鼠疫、伤寒，而且在敌后战场，包括晋绥、晋察冀、晋冀鲁豫等许多抗日根据地，曾流行鼠疫、伤寒、炭疽热等多种瘟疫，染病身亡者不计其数。

世界上最早揭露日军细菌战罪行的是中国各地的抗日报刊。1940年11月9日，《晋察冀日报》报道："敌人在盂县（山西省）普遍撒放病菌，故所有灾区患病现象极为严重，如八区之榆林、南北河、四区之上下石塘，病在炕者竟达人口总数的95%以上。"1941年12月25日，《晋察冀日报》刊载特派记者戴烨《人间地狱》一文中，有这样一段记述：

"在盂县城，敌人收集老鼠、蝗虫，在上社，敌人收集蝇子，在椿树底，敌人收

集蚊子，并规定1毛钱找20个，起初人们还惶惑不知作何用处，一直到疾病到处流行，人们才从汉奸嘴里晓得，敌人收集了蚊子、蝇子、老鼠、蝗虫，是用以传染疟疾病、伤寒、霍乱、鼠疫等疾病的，因此在'治安区'疾病流行的非常厉害，几乎每村病人均在90%以上，而在盂口村里，竟没有一个健康的人。在5台(县)东峪口一天即死去10余人，一月死掉五六十人，盂口同样亦死掉五六十人，毒菌使人们成群的死亡。这样残忍的杀戮方法是旷古绝今的，日本法西斯刽子手的残忍，已经超过了任何最野蛮的野兽！"

1941年12月28日，《晋察冀日报》报道：

"最近敌寇'扫荡'定县时，曾大批放出老鼠。当敌被我痛击溃败后，各村的道旁沟渠中，即发现有许多大老鼠满地乱爬，尾巴拖地，似有病状。死鼠则身上有红色斑点，此系敌寇所放毒鼠，企图造成鼠疫，毒害我军民无疑。……敌寇遂在其占领区按户要鼠，或出钱收买，但民众多予拒绝。"

1942年3月7日，《晋察冀日报》刊载冀中军区司令部、政治部《告全世界人士书》称："敌寇于1942年2月14日配合军事'扫荡'沿平汉路定县一带散发经过注射鼠疫细菌的病鼠，企图造成鼠疫流行的大惨祸。"

1942年6月16日《晋察冀日报》刊载亦容同志《粉碎鬼子的"毒菌战"》一文揭露：敌人"散放病菌多是在'扫荡'当中，派出汉奸间谍带着制成病菌的毒药，丢到咱们吃水的井里；赤痢菌多是放到人家住的房子里；鼠疫或是鼠伤寒的病菌，是把注射过这种病菌的老鼠，丢到村子里"。

这些报道是真实可靠的，因为在河北省的一些村庄的确在日军"扫荡"过后，曾突然爆发大规模瘟疫，致使很多人染病身亡。日本细菌部队在华北抗日根据地进行细菌战的真实情况，在战后，有一位曾在哈尔滨平房镇原731细菌部队工作过的队员向日本记者说，使用细菌炸弹的爆炸实验，曾在"北京和华北地区的战斗中进行实地试验"。

至于日本细菌武器研究的最大基地东北地区，包括哈尔滨的平房地区和吉林农安、孟家屯等地，鼠疫、伤寒等疫病灾祸更是连年不断，甚至抗战胜利以后，还有鼠疫蔓延。1940年夏，吉林省农安县突然蔓延起奇怪的鼠疫，鼠疫本来主要在冬季流行，但这次夏季就流行起来，从县城蔓延到农村，似有燎原之势。死亡人数达300多人。日本战败投降以后，哈尔滨的平房附近，也发生了“全境鼠疫大流行”。平房附近二道沟的靖福和在控诉731细菌部队罪行时说：“我们后二道沟住着50户人家，感染上鼠疫死了的，就有39家。我家有19口人，不到20天，就死了12人。我们村最早死的人是张颜廷，在中国，谁家里出了不幸的事大家都去帮忙。我二十四五岁的叔叔去张家帮忙办丧事。叔叔身体非常健壮，但办完丧事回来以后，身体就不舒服，两天以后，大腿根就长出了疙瘩，疼得走不了路，又过两天就死了。后来，祖父、叔祖、姐姐、父亲、弟弟、婶婶、小叔，全部死了。一天里头，有时就死两个亲人，真是太惨了！”

日军屠杀中国人就像踩死蚂蚁一样，在其战败投降后，还把杀人的细菌撒在中国土地上。731部队留给老百姓的是鼠疫，100部队留下的是霍乱。从1946年开始，连续7年，吉林省的榆树、水吉等县，都发生了爆发性的流行霍乱。1947年，齐齐哈尔、肇东、肇源、洮安、大赉、安广、镇赉、泰来、开通、瞻榆、洮南等地，霍乱患者达9000余人，死亡7500众人。1945年至1946年，洮南、洮安、开通等县鼠疫患者达4300余人，死亡1400余人。

4. 杀人魔窟

以活人为实验品进行细菌战研究是侵华日军细菌战部队的重要特点。以731部队为例，在这座拥有众多博士和教授的细菌工厂里，奇特地管理着一座巨大的特殊监狱。

监狱里经常关押着200至300人的“囚犯”，有时高达400人，有中国、苏联、朝鲜、蒙古人，据说还有美英澳等国的战俘，有男有女，甚至连儿童、婴儿也不放过。

大部分“囚犯”是中国人，不仅有被俘中国军人，还有教师、学生、工人、农民、市民。所谓“特殊监狱”，这里的“囚犯”与普通监狱的“囚犯”待遇不同，对有的“囚犯”而言可以说是“丰衣足食”，一日三餐营养丰富，还可以经常到澡堂洗澡，被养的很健康。然而奇怪的是，只见“囚犯”进监狱后，从不见活着出来。

这个奇特监狱之谜终于被揭开了。原来石井等人把活人视同动物，用作进行细菌武器活体实验，其残酷之情令人发指。受试验的“囚犯”一旦不能再用，或被杀、被活埋、被火化。给“囚犯”好的伙食，只不过是因为细菌研究需要健康的活人，仅此而已。日军从不把这里的“囚犯”称做俘虏，而是称为“木头”、“原木”、“特殊材料”和“马鲁他”。在他们的记录中，对“囚犯”从来不记名字，只有编号，从101开始，到1500号为止。据731队员证实，编号已进行两轮，每两天消耗三人，有时七八人。这种“材料”从不会缺乏，因为他们可以源源不断地得到补充。

据苏联军事法庭和731队员证实，这个部队直接用于细菌实验被害的人达3000多人，所有“囚犯”无一生还。

731部队进行细菌战实战演习

石井等人在活人身上进行细菌试验的方法很多，最普通的方法是，

把最危险的传染病，如鼠疫、炭疽热、鼻疽、各种伤寒及其他各种烈性病菌，注射到受实验者身上，察看细菌在健康人身上的反映、征候、传染效果等，以及什么时候死亡，按编号记录在案，待不能再试验时，就活活杀掉火化。

这种试验一直进行了七八年。

最早的活人试验，是石井四郎亲自进行的。那是石井细菌部队刚成立不久，哈尔滨宪兵队押送三个俘虏给石井，其中两个是东北抗日游击队员，一个是朝鲜青年学生。一天夜间，石井把一人绑在实验室的木柱上，在他的大腿上注射了一针用老鼠和跳蚤磨制的液汁。19天后，这位战士体温发烧到摄氏39.4度，然后，从他身上抽出血液，注射到另一个战士身上，经12天潜伏期后，这个战士同样发烧，然后石井在特种病床上进行活体解剖，结果，证明了跳蚤身上所含有的病菌为“定型流行出血热肾”。石井又把这种病菌轮流在另外两个人身上进行试验，这两人被折磨一个月后再也不能动弹了，就被宪兵拉出去枪毙。

这个部队除在实验室内用活人进行试验外，也在野外条件下用活人进行细菌武器实战试验。这种实验通常是在安达打靶场进行的，每次受这种实验的有10人至20人不等。有时用飞机投掷，有时借带电流爆炸。有一次，把活人绑在彼此相隔5米的铁柱上，然后在距离铁柱约20米远的地方，把内部装有鼠疫的炸弹借电流爆炸，受实验者被这种炸弹炸伤后，一星期就痛苦死去。川岛少将还供认了这样的实验：

从监狱送来15名被实验者，把他们绑在柱子上，一架飞机掷下一枚细菌炸弹，使其在离地面100至200米高空爆炸，装在炸弹里的鼠疫菌跳蚤在附近蔓延开来，跳蚤爬上了“木头”身体，吸吮其血液达四五小时之久。

然后把实验者消毒后拉回监狱，观察他们是否感染了鼠疫。

1939年2月北野政次少将秘密发表了题为《斑疹伤寒预防接种的研究——自制斑疹伤寒的人体实验》的论文，文中写道："实验所使用的人体，全都选的是没有患过斑疹伤寒的人，并且没有患过急性肠伤寒的32岁到74岁的健康男子。"这次被他杀害的共有3人。北野政次通过中国人进行人体实验得到了如下的结论：用他自制的疫苗2毫升注入人体内一个月后，即可产生免疫性。

被731部队杀害的赵忠博烈士

这个罪恶的细菌工厂，还进行其他种类的杀人试验，如冷冻试验、毒瓦斯试验、断水饥饿实验、热水实验、触电实验等等研究，不知害死了多少中国人。

一个严寒的晚上，日本宪兵押着被秘密逮捕的苏联士兵德姆琴科和12名中国爱国志士，被称为冻伤实验专家的北野政次少将把他们弄到露天里，宪兵用刺刀强迫他们把双手放进水桶里，然后让他们双手暴露在冰天雪地，一小时后，他们的双手全被冻僵，失去知觉。宪兵再把他们拉回实验室，检验他们的手指冻伤的程度，然后敷药加以"治疗"，不能治疗的，就砍掉他们的手指。有时，这种冷冻实验还在冻伤实验室里进行，在备有用玻璃制成的特种冰箱里，温度可以调到零下七十五度。北野等人强迫被捕者把四肢轮流放进冰箱受冻，然后再加以"治疗"，不能治疗的就用锯子把四肢锯掉。等到四肢全被锯掉后，就把他们枪毙或活埋，通过活人实验探求医治四肢冻伤的办法。

被送往731部队杀害的王耀宣烈士

731部队第二任部队长
北野政次

731部队还进行活人毒瓦斯实验50多次。石井曾亲自视察该项实验。

从单身牢房送来健康的中国人，被称为“上等木头”，把毒瓦斯闸门打开，一分钟、二分钟、五分钟过去了，受验者的手腕上的绳索深深地勒进肉里，很快被喷出的氰酸钾瓦斯闷死。

然后石井命令工作人员脱掉死尸的衬裤。“木头”的阴部和大腿上沾满了白色液体。石井说：“这是精液。吸入氰酸钾瓦斯的人都要流出精液，哼，‘木头’在射精时死掉。”

最残酷地要算两次集体毒瓦斯杀人事件。一次是1945年6月的一天，一位苏联“囚犯”捡到万能钥匙，打开各单人牢房的铁门，催促大家逃跑，但是这座戒备森严的牢笼，越狱又谈何容易？那位苏联人被打死，其他人亦被赶回牢房。一小时后，经过特设的通气管，输进毒瓦斯，把监牢里的人犯全部毒死，大约近30名。第二次毒瓦斯屠杀发生在731部队撤退前夕，日军把监狱牢房的毒瓦斯阀门打开，毒瓦斯立即充满各个牢房，不久，尸体被拉出后堆成山，然后倒上汽油焚毁。这种惨绝人寰的屠杀，只有法西斯强盗才能干得出来。

被日军称为“天才”发现的石井鼠疫血清，也是以活人为实验品研制出来的。石井等人给被关押的囚犯身上注射鼠疫苗，然后采用已经发病的“囚犯”的血液，或者利用他们的内脏制取血清。原731部队的一位护士长说过这样一件事：1943年3月18日一位文职人员因细菌感染患了肺鼠疫，肺鼠疫发病就意味着死亡。诊疗部部长水山命令护理人员每周注射一次血清。患者住院第二天，总部送来一支鼠疫血清，一周后又送来第二支。护士长问："为什么不把血清贮藏在这里？……何必每周从总部送来？"永山说："那种血清一周只能生产一支，所以才这样做的。"患者住院四周后，竟病愈出院。护士长惊叹不已。为了制造这种血清，不知又杀害了多少中国人！

以石井为首的731部队，为了屠杀中国人，什么伤天害理的事都干得出来。

石井曾经派遣大批细菌专家到北京、南京、上海、武汉各地集中营去，把注射有伤寒菌和副伤寒菌的大饼，分给关在集中营的人们吃。

瓦斯发生室

据说吃过这种大饼的人，共有3000多人。石井命令各集中营负责人，把凡是吃过大饼的人，全部释放出去，让他们去引起伤寒和副伤寒的流行。

除了731部队，北京、济南、南京、广州日军的细菌部队，也不同程度地以活人为实验品进行细菌武器研究。如日军在济南细菌部队的一名中尉军医竹内丰(刘宝森)就曾供认说："于1943年在济南防疫给水部工作时，为了进行细菌战，用特殊设备制造了大量的肠伤寒，副伤寒菌，供飞机撒播使用。为了实地试验他亲制细菌的效力，曾自济南宪兵队先后要来我军俘虏(指中国抗战将士)11名，进行了活体解剖实验。"

5. 揭发谢罪

侵华日军的细菌战惨绝人寰，不仅违背国际法，而且违背人性，为包括日本人民在内的各国人民所痛恨和谴责。抗战胜利后，被俘虏的细菌战战犯在国际法庭上受审，得到了正义的惩罚，

有12名日本细菌战战犯为苏军俘虏，在伯力城受审

↑前华南8604部队成员丸山茂剃成光头作为罪人向广州受害者墓碑烧香、跪拜、念经、请罪

↓日本老兵就细菌战罪行脱鞋下跪表示谢罪

而更多的参与细菌战的日本人为了逃避惩罚和舆论谴责，归国后隐名埋姓，过着孤独的生活。他们中有的由于不能接受良知的煎熬最终愤然自杀，有的则为当年的所作所为负疚终生。

日本老兵丸山茂的揭发和谢罪行为就很有代表性。

丸山茂是广州波字第8604部队第一课细菌搜索(检验)班的班兵长。1993年，他在东京参观了731部队罪行展后，良心受到了很大震动，便主动揭露了8604部队的罪行。他说，广州波字第8604部队机构较为庞大，是"配属1200多名专业人员的师团级单位。本部下设6个课。其中专业将校100人(根据内山武彦的战地日记，不包括兵区医院的人数)"。据他回忆，该部队"第四课地下室有很多用福尔马林浸的尸体，第四课课长每天都进行解剖。煤油桶里面盛着收集到的做鼠疫实验用的老鼠。"出于内心的不安，丸山茂曾于1995年7月、11月两次到广州，核实揭露材料的可信性，期间不仅向细菌战死难者墓碑敬献花圈，念经文，烧香叩首请罪谢罪，而且还发表了《不管以什么名义，走向战争是罪恶》一文，警示后人，文章指出：

我想没有战争体验的人们可直接听到或从书刊、广播、电影当中了解到战争受害者的悲惨命运，所以对战争能有一定的认识。但在另一方面几乎没有加害者方面的真实的坦白。所以很多人不知道旧日军对周围各国人民究竟做了些什么。所以就没有对过去战争的反省，或只有形式上肤浅的表示。

这样就不能体查到周围国家的人们所遭受的痛苦。由于不知道周围国家人民对旧日军的恐惧怨恨心理，被"作出国际贡献"等口号所欺骗。我认为这也是容忍修改战后和平宪法向海外派兵及积极地推进这些的原因之一。

战争是非道义性的，为了防止再次侵略他国，现要将鲜为人知几乎被埋没掉的香港难民大量被细菌战杀伤记录下来。……

同丸山茂一样心存良知的日本老兵还很多。他们抱着内疚和赎罪的心理，秉笔直书，揭露细菌战罪恶，使侵华日军的细菌战真相逐步为世人所了解。看破军国主义者的蛊惑和欺骗后，蓦然回首，这些老兵才发现其实他们自己也是当年细菌战的受害者。

三

晋北血案：

天镇城惨案

日军进入城内后，先闯入东北角居民院内群众家里，不分老少，逢人就杀，许多人刚刚起床，还来不及躲藏，就被杀害。仅这一处，日军就屠杀群众百余人。

天镇县位于山西省最北部，地处山西、河北、内蒙三省（区）交界处。这里重峦叠嶂，自然景观秀丽，明朝人秦廷奏的“西来策马问危边，斗大孤城山色连”诗句，就是描写天镇风光的。然而，有谁会想到1937年9月12日，这里曾经发生过惨绝人寰的大屠杀，2300余群众饮刃喋血死于侵华日军的屠刀之下。由于这天是农历八月初八，当地人称这次蒙难日为“八八惨案”。随着时间流逝，这次惨案的幸存者已陆续离开人世，惟有位于县郊外的“天镇蒙难同胞纪念塔”依然挺拔，似乎在如泣如诉地控诉侵华日军在天镇城所制造的人间暴行。

1. 烧杀奸掠

1937年7月，卢沟桥事变后，日军长驱直入，北平、天津、南口等地相继沦陷，

天镇蒙难同胞纪念塔

日军肆意抓捕枪杀中国百姓

华北形势万分危机。此时,人们把希望寄托于长期拥兵自重的阎锡山。期望阎锡山指挥的军队能够阻挡住日军的攻势。可是,这个时候晋绥军早已做好撤退准备, 军无斗志。8月中旬, 日本飞机到天镇轰炸扫射。9月初,日本关东军东条纵队本间旅团和铃木旅团沿平绥路西犯,进入天镇县境内。9月6日,晋绥军战略防线主要阵地盘山 (位于城东南8里处) 被攻占,天镇县城失去屏障,危在旦夕。在之后几天, 日军不断炮击天镇城,每天都听到枪炮声,有时也有飞机在城周围低空盘旋, 机翼几乎擦着房顶。面对这种情形, 有少数居民家将妇女、老、弱者向山区亲戚家疏散。大部分居民以为有晋绥军守城,日军不可能进城。更有一些富户则是为守财产,不愿离开家。到了11日下午,形势愈加紧张,白天有日军飞机轰炸,黑夜有大炮袭击,人们惶惶不可终日,有许多人躲藏在自家的防空地窖里,胆战心惊。晚间,担负守城的晋绥军第六十一军二〇〇旅三九九团,趁着夜色从城西悄悄撤出,天镇城成了一座没有军队防守的危城。

9月12早晨6时左右,日军从大炮轰坍的城墙东北角豁口爬上城墙。住东北街的刘全义,因为门板被晋军搬上城墙作掩体,清晨上城墙撤自家门板被日军第一个发现,登上城墙的日军一刀将他的头砍落城下。

日军进入城内后,先闯入东北角居民院内群众家里,不分老少,逢人就杀,许多人刚刚起床,还来不及躲藏,就被杀害。仅这一处,日军就屠杀群众百余人。

日军狞笑着砍下中国村民的头

进入城内的日军兵分三股开始屠杀：一股沿东城墙向南，一股顺北城墙往西，另一股直入城内街巷。他们边走边射击，城内居民死伤无数。后来由于部分群众急于出城抢收庄稼，搬开了堵塞城门的麻袋。这时日军开着坦克、汽车涌进城来。大批日军尾随而入。这些侵略者入城后横冲直撞，杀人成性，先将这200余名搬完麻袋的居民用枪驱赶着囚入北瓮城奶奶庙中，对这些无辜同胞用刺刀追杀，一时人群乱作一团，哭喊声、惨叫声响成一片。人们挣扎着，呼喊着，向庙门口冲去。日军见状就向人群密集射击，200余名徒手民众一个个、一群群地倒了下去，就连守庙的一名和尚也未能幸免。

上午9时许，日军在城内四处鸣枪，搜杀逃散在街巷中的难民。西北街贺贤等14人被日本兵逼到一个院里残忍杀戮，贺贤抱头躲闪，身中9枪，因未伤致命处，死里逃生。对于日军的暴行，贺贤永远不能忘记。回忆起那悲惨的一幕，他泣不成声，痛苦地说："八月初八那天约是清晨五时半左右，听到城东北方向炮声四起，一阵紧似一阵，后来炮声不响了，只听见枪声和哭叫声。胆大的出街一打听，才知日军已从轰坍的城东北角进来了，时间约早晨六时许（平时人们做早饭的时候），后来听见街上有汽车、坦克声，知道大部分日军从北城门进来了。上午9时许，我听见附近各家有日军砸门声，我刚想躲藏起来，谁知已来不及了，我的腿还未迈出家门，大门已被打开了，日军比划着把我叫出去，又连着走了几个院户，连我在内一共叫出14个人后，由7名日本兵把我们逼到紧靠我家的高明院内，让我们站成一排，7个日本兵七条枪同时开火，我当时也不知是害怕还是怎么的，下意识地抱着头躲闪，身中数枪，昏倒在地。后来我母亲等人将我抬回家后，我才醒过来，经家人检查，我身上有9处伤：左胳膊6处，头部、右手中指、背肩胛部各1处，养了好长时间才幸存下来。至今，我的背肩胛部仍留有明显的伤疤。被日军打死在家里、院内的人到处可见，仅我知道的就有隔壁王三和吴三的儿子。"

同街姓马的一个大院里十几口人，除一名8岁幼女受枪声惊吓昏倒在同院一位70多岁的老奶奶死尸旁幸存外，其余皆惨遭枪杀。街上一位年轻的母亲，正坐在炕沿边给孩子喂奶，被日寇一枪打死，倒在地上，天真、可怜的婴儿竟爬在血泊中的母亲身上含着奶头吮吸，因吸不出奶汁哭叫，母亲的鲜血染红了不懂事的孩子，其状目不忍睹。

南街慈光楼和北街实业银行等古建筑被烧毁。西街“积厚成”、“庆福元”、“德庆隆”、“义和成”、“天德公”等商号，店门大开，货架狼藉，货物被抢掠一空，不值钱的货物弃掷满街。抢劫后，日军又将这20余间店铺浇上汽油点燃，顿时，火光四起，浓烟滚滚。

大批日军进入城内中心后，便三五成群，挨门逐户勒令开门，如应声稍迟或探头张望者，即遭枪杀。日军闯入民宅，肆意抢掠奸淫。东南街一位姓马的老翁，因与日军争夺一件新皮袄而惨遭杀害。

日军每到一家，对男人都要搜身，其用意一是怕暗藏武器，二是要白洋。

东南街王炽和被一名日军挑开衣扣，浑身上下搜了个遍，因未搜出白洋被打得死去活来。同街一位姓阎的姑娘，出嫁吉日已临近，被几名日军轮奸后扔入水坑。更有甚者，一些日军在光天化日之下，公然强奸妇女，一位年仅十五六岁的张姓少女，被7名日军轮奸后，揪住双腿，活活分尸。西南街郭举子被日军逼着撕掉西街马王庙墙上的抗日标语后，也遭杀害，郭的儿子见状爬在父亲尸体上边哭边怒骂日军，也被杀头。东北街一位老人眼见日军逼来，无处躲藏，慌忙中从炕上拿起一把剪刀自杀。王面匠一家3口人，在日军的屠刀下，为保全尸，先后投井自尽。

2. 集体屠杀

从上午10时许，日军分别在四条街道沿门逐户地将难民驱出，分别押往南街马王庙、西城门云金店前、北城门外摄神庙三处，展开了一场骇人听闻的集体屠杀，使一座古县城顿时变成了人间地狱。

日军在南街逐户撵出500余名男女老幼，全部赶到南街路东侧马王庙前，

奄奄一息的农妇

男、女分别被押在马路东、西两侧跪着。南、北、西三面架着机枪,四面有日军把守,阴森恐怖。马王庙分里外两院,里院有一个长2丈5尺、宽深各1丈5尺左右的大坑子(晋绥军留下来的防空掩体)。日军比划着先让阎毅、张凤祥等五名地方绅士进庙,当即被刺杀在坑内。随后又有几批被撵进庙院,人们只见有进去的,没有出来的,不知鬼子葫芦里卖的什么药,后来有人间或听到几声惨叫声,方知鬼子在下毒手。有几个胆大的青年想偷偷溜走,当即被看管的日军拦回。杀人成性的日寇在里院坑后站成一排,端着刺刀,在指挥官的指挥下,一齐动手,刺刀从人们的背部穿至胸前,再一使劲,便把尸体挑入坑内。

刽子手们杀累了,就吃喝一气。后来嫌群众穿着衣服不好刺,就强令人们进庙前脱掉衣服,有的人被连捅十几刀,最多的被捅了32刀,大坑堆满了尸体,用棉被盖实,上边压上大石块。

余下的尸体,又逼迫活着的人将其堆在房里,然后再杀,直到死尸堆满了三间房子。

马王庙里有一个山药窑,一些急于逃命的人想跳进去躲藏,被日军发觉后,

一阵刺刀猛刺，挑入窑内，直至尸体堆满。日军犹恐有活人逃出，又把窑边一堵土墙推倒，将窑口盖住。日军从上午10时一直杀到下午1时许，除路西侧跪着的妇女、小孩被放回外，300多名男子几乎被杀尽（内中有跟随大人的十几名儿童），只有极少数人死里逃生。于进海身负七处伤，待晚上无人看守时，从死人顶层爬出，解下死人的裤带作绷带，包住伤口逃回家里。教员任定国身中11刀，幸存下来。孙天仁的右肋、左颈、右手腕被刀刺伤，跌进死人堆里，至晚上才逃出。西南街瓒和两个儿子、一个孙子，一家三代四口，均被惨杀。孙子高辅，年仅13岁，被刺杀在炕沿。第二天他苏醒过来后，口渴难忍，挣扎着爬进北屋，在被日军砸烂的半截水缸前喝了几口残留的脏水后，因流血过多死亡。

与马王庙惨杀几乎同时进行的还有城西门南侧的大屠杀。城西门附近路南云金店前有一片空地，东、北、西三面皆是民房。日军将从西南街、西北街赶出的300余名成年男子集中到此。日军在店前高台阶上用一挺机枪对着人群，然后分10人一批，用机枪狂扫，顿时积尸成垒，尸堆下流出来的血，殷红了土地。住在附近的侯二，虽双目失明也被拉出残杀。张月鲜家在西城门南侧住，全家死了9口。张进恩在逃跑时被日军追上用东洋刀砍断腿，张怒视着敌人高喊："给爷爷一个痛快吧！"被枪击而死。魏科子的头被刀劈为四瓣而死。住在西门附近马路南侧的张风有，在大屠杀前出来担水，两个儿子不放心跟随在后，被忽然从东面大街上过来的一伙日军撞见，一名日本兵端起机枪扫了一梭子，父子3人倒在血泊之中。加上云金店前大屠杀，张家共有9口人丧生。与张风有隔路在对面开车铺的吴唐（张女婿），眼看亲人被杀，在敌人向他逼近时，他不畏强暴，以车锛为武器，利用车铺中堆放的杂物作掩蔽，与敌周旋，接连砍死4名日军后壮烈牺牲。

同日上午11时左右，一股日军将从东南街周牌楼巷一带搜查出的40余名男人赶进西城门瓮圈城墙洞里，周炬、吴正德抗拒入洞，被当即枪杀。接着敌人用机枪封锁住洞口，向洞内难民接连扫了三梭子子弹后，又扔进去一枚手榴弹。因洞正中间设有一厚实木门框掩蔽，有10余人死里逃生。周炳是其中的幸存者之

↖日军把我青年同胞当作靶子练习刺杀的情形

←被日军当众残害的无辜百姓

日军所到之处鸡犬不留

一，回忆日军进村后的残忍和逃生经过，他说："日军一进院就照着我脸上甩了一记耳光，我家一只狗因吠叫也被日军当下用刺刀刺死。一名日本兵将我浑身上下摸了个遍，未搜出什么东西，另一名模样像军官的用手枪戳着我的脑袋，让我跟他们走，就这样沿门逐户地搜查了半上午，共赶出了40多名成年男人，由七八名日军押着向西城门走去。走到西街上，我看到街面上的几家店铺门窗洞开，货架空空，脚底马路上纸片乱飞，花花绿绿的小百货商品被弃掷满街，间或看到有几名日本兵怀里抱着抢到的东西。当我们一过离西城门不远的石头桥，就看见云金店南面一片死尸，血流遍地，目不忍睹。我的心一下子紧缩起来，心想：在这里崩我们呀！谁知敌人并没有让我们停下，而是把我们一直带到城门南面的一个城墙洞口前，用枪比划着让人们进洞，走在最后边的周炬（我本家兄长）和吴正德抗拒入洞，被日军用枪当即打死在洞外，然后，日本人把轻机枪稳在洞口瞄着人们，洞里的人一个个十分害怕，只顾往里缩。洞中有一厚实的木质门框，我刚好被挤到门框里边，利用门框刚好遮住半个身子，我当时抱着活不成的念头，蹲着用双手捂着耳朵，敌人接连向洞里射了三排子弹，在射第三排子弹时，我右胳膊中了一弹，弹头直穿进我贴身穿着的棉背心棉絮里（当时未察觉，是以后跑到薛辛窑歇息时抖落出来的），因是废弹头，未伤着肌骨，只擦伤前胸皮肤。

未挤进门框里边的人几乎全倒在血泊中。临走时敌人又扔进一枚手榴弹，在爆炸声中，又有不少人倒下，除十余人侥幸活下来外，余皆被射死或炸死。后来我一直在洞里呆到后半夜，听见城外敌人巡逻坦克开进城后，我才偷偷地从城墙上滑下溜出城去，连夜跑到离城六十余里的崔家山，又辗转到东沙河亲戚家躲避，幸存下来。”

12日上午，东街、北街的成年男人也被日军从家里赶出来，分别集中在东街大奎阁前和县政府大照壁后两处。在大照壁处，日军当众将张模老两口的头砍下，血淋淋地掷在桌子上，一名日本军官“叽里咕嘟”地喊叫着，威胁民众。后来两处难民共500余人，全部被反捆双手押到城北洋河北岸狐神庙的一段水壕边。水壕开口约五六尺，水深三尺余。在大屠杀前，人群中有一位叫张四如的老汉料到凶多吉少，就向大家高喊：“哥哥兄弟们，日本人要杀人了呀，能跑就赶快跑吧！”话音未落，即被日军开枪打死。日军仍沿用马王庙大屠杀的方法，将难民分批用刺刀扎入壕内。有几名未被刺死，发出呻吟或惨叫声，鬼子听见后就用刺刀尖朝下乱捅一气。任宏被刺时，顺势倒在死尸上，装成死人的样子才得以逃生。

西北街贺巨恒被连刺五刀，后从昏迷中清醒过来又活了下来，贺巨恒的儿子贺贤在回忆他父亲死里逃生的经过时，十分痛苦地说：“在我被捉之前，日寇喊叫院门时，我父亲贺巨恒前去开门，日寇一进门就把他裤带解下来，将他背绑起来，拖着脱到膝下的裤子，赶到东街旧警察局院内。鬼子在这里集中了老百姓四五百人，又全部驱赶到县城北门外狐神庙前，用刺刀逐一刺杀在一个大水坑内，上面又盖了一层土。我父亲被刺五刀，推倒在坑内的上层，后醒过来，顶破薄土层爬出来。不敢进城回家，就跑到新平村我姨姨家躲藏养了三四个月，保住了性命。据说那次狐神庙前还有几个活下来的。其余四五百人都惨死在坑内。……被日寇打死在家里、院内的人也到处可见。我家隔壁的王三、吴三的小子就是被日寇打死在院内的。”

王振文也在狐神庙屠杀中幸免于难，回忆逃生经过，当时情形如同噩梦，他说：“我家两代4口人都在一批被刺杀的，我被扎了3刀(是后来才知道的)，最初一刀是扎在左肩胛骨处，当时只觉得刀尖凉凉的，后来右肋下又被扎了两刀，由于我在中了第一刀后已昏迷过去，所以对身边跪着的二伯、四叔、堂弟是怎么被扎死的情景，就记不清楚了。不知什么时候，我感到脸上像针扎一样的疼，剧烈的疼痛使我逐渐苏醒过来，张开嘴，觉得有水珠掉进口里，等我睁开眼，才知道天正下着雨。看天色，约摸是黄昏时分。我用手一摸，身上有泥土，在我脸边有几株蒲草棒(被日军埋土时连根挖出的)摇曳，不时地抽打着我带血的脸，我这才弄清了刚才疼痛的原因。我用双手撑着下边的尸体试着想爬出来，可是由于腰部伤重，几次都失败了。就在这时候，我身下的尸体竟蠕动起来，还发出哼叫声，他让我往开掀一掀，我身子动不了，只好用手搬他的头，使他头先钻出来。他钻出来后，又往外拉我，我说：'我在顶层一时死不了，你拉出我也站不起来，还是你先逃命吧！'他向北逃走后，我又昏过去了。后来在模糊中觉得有人在剥我的上衣，我睁开眼一看，原来是东街的王君，他是刚从死人堆里爬出来，因赤着上身，想从死人身上剥件衣服，竟把我当成死人了。后来他硬是将我抱出来，又扶我站起来，在他的搀扶下，我强忍着剧疼，摸黑向东面鲍家屯方向逃去，走到袁才庄的附近，我不慎从崖头掉到河沟里，当时我渴极了，趁机喝了不少河水。王君把我扶上岸后，我们相扶着继续走，走到半夜摸进一间房里，进去后才知道是走错了方向，竟朝南走到了城南门外一处烧瓦盆窑里，在那里我们找了些水喝。王君身受六处伤，下巴底下左右两处均被刺通，喝水还往外漏呢。因离城近，我俩在天亮前就又忍着饥饿和疼痛向南逃去。走到三里屯河湾，我们看到河滩上到处扔着晋绥军弃掷的枪、药包、饼干、衣服等物品，我还拣了些药布和一件布衫。在唐八里村一块西瓜地里，饿极、渴极了的我俩饱吃了一顿西瓜，这时我才发现鞋里已盛满了从身上淌下来的血。就这样，我和王君相依为命，带伤奔走，投亲找友，在外面藏了好长时间，直到伤势稍有好转，城里较为安定时才回到家。"

据几天后去收尸的目击者回忆：大约长30余丈的一段壕内，几乎填满了横七竖八的尸体，以上事实证明，狐神庙大屠杀遇难者足有500余人。

13日上午，日军又接连制造了大操场惨案。实际上，日军在第一天就做好了继续大屠杀的准备工作。屠杀了整整一天的刽子手们，将来不及残杀的难民们，囚控在北城门瓮圈中过夜。

在押送时，为防止人们逃跑，日军将难民们的裤带解下，一个个被反捆手臂，排成一行，因失去裤带，难民们的裤子均掉到膝下，（当地成年人习惯扎裤脚），下身裸露，受尽了屈辱。

更有一些人因迈不开腿走得慢，跟不上队，不时地遭到鬼子的抽打。更可恨的是，日军竟将被他们强迫着担水灭完火的青壮年们也一同囚进了露天的瓮圈中，外面派日军严密把守。可怜的500余名难民冻饿了一整夜后，等待他们的不是温饱，而是死亡。第二天一早，敌人先从难民中挑出袁美等40人，每人佩带有"苦力"字样的白布袖章，清理街道上的尸体，也有一部分人被分配到城外拉水，以供日军食用（因城内40余口水井均有死尸），其余全部被押往东北街大操场附近一个院里。操场中有原先晋绥军挖好的三条大壕，壕深约3米，东西长11米，南北宽2米，三条壕互相沟通，原用于防空用。被囚的难民，分10人一批，被日军接踵押到壕沿，用机枪狂扫，跌入一批再扫一批，机枪吼叫了大半上午，500余名难民尽被射死，无一幸免。日军还在这里照了相。直到50年代，在原大操场上破土新建天镇一中校舍时，仍有遇难者的累累白骨。

3. 劫后惨景

14日，残杀仍在继续。这些侵略者杀人杀红了眼，惟恐还有躲藏起来的男人没有被杀绝，是日又对四周城墙的洞、坑，进行了一番"清理"，见到洞、坑，就用机枪扫上一梭子。

被日军洗劫后的县城，像死一般寂静。连日来，白天乌鸦盘旋乱叫，黄昏狗咬狼嚎。县城内外，大街小巷，尸横遍地，臭气熏天。据西南街幸存者高强亲眼所见，马王庙院内，猪狗成群结队地撕啃腐尸，狗吃死人眼都红了。

大屠杀过后许多天，日军才让居民清理死尸。大多数尸体已血肉模糊，腐烂不堪，家里人只能凭亲人衣服的布料和自己做过的针线活儿认尸。在狐神庙蒙

难的高峨的尸体只剩下一条胳膊，是家属从裹胳膊的那只破袖子上认出来的。死在城内无人认领的尸体，由七八辆大车拉到南城门外偏西一里许的三官庙一带，挖坑掩埋。幸存者王家珍数过，仅一个坑内就有286具死尸。

日军杀人手段残忍至极。除了随时随地、随心所欲地任意枪杀、刀刺外，还用尽了种种其他的杀人方法，诸如：砍头、劈脑、切腹、刺穿阴户、杀后扔入水中等等。西街魏科子的头被日军劈为四瓣而死。至于被杀或被奸杀后扔入水坑的男女尸体，更是数不胜数。东南街一个大污水坑内几乎漂满了死尸。一位妇女见后，误认为里面有被抓走的自己男人尸体，对生活失去希望，悲愤地将亲生男婴溺死后，自己跳入水坑自尽。

被日军奸淫的妇女，更是难以计数。凡是躲藏不及的年轻妇女多为其糟蹋。

东南街有一伙年轻姑娘和媳妇，躲在一间房里，被日军发觉后全遭奸污。有一位姑娘被这群野兽整整轮奸了一天。西街刘银兰、刘玉兰两个女学生，被日军奸污后上吊自尽。西北街、东北街妇女被兽军奸污后跳井自尽的就更多了。据一些老人回忆，井内尸体女多男少，有几口井已填满了女尸，除少数是因受惊吓轻生外，多数是受辱后觉得无颜再活于人世而跳井自尽。还有不少妇女为逃避灾难，剃发扮男，毁容换装，或藏在山药窖，多日不敢露面，过着暗无天日的生活。其中也有为保护自己人格而奋勇抗击被敌人惨杀的。西北街姑娘贺月娥，面对衣冠禽兽，奋力反抗，抓打敌人，被敌人枪击腹部，流肠而死。日寇兽行令人发指，9月14日，几名日军把从四处搜寻出来的一大伙妇女赶到东北街，在头天枪杀过人的大操场上，强迫这些妇女把裤子退到膝下，用枪托抽打着绕圈子，妇女们饮泣吞声地在横七竖八的同胞尸体边转着，日本鬼子却站在一边开心地狂笑。

为了铭记这段血泪史，提醒后人不忘亡国之痛，1945年9月，天镇人民建造

←我国女同胞被轮奸后之惨痛情形

了“天镇蒙难同胞纪念塔”。碑文曰：

东方邦匪，世界大盗的日本是败退了，我国已由弱小民族跃为世界四强之一。这是我中华民族浴血抗战的成果，在历史上写下了光荣的一页，值得我们以战胜者的姿态而骄傲。

我国在这次世界大战中，人员的损失和财产的消耗，究有多少，在未有精确统计前，是无法估计的。不过就我县而言，无辜同胞被屠数字就在2000人以上。据调查已知的1248人中，计西南街332名，东南街368名，东北街258名，西北街290名，内中成为绝户者即有390户，那末全国的损失数字，就可见一斑了。

这种深仇大恨，是我们永远不能忘记的。故建此座难胞纪念塔，以警惕后人知悉亡国的惨状，并深切注意日寇军阀们的死灰复燃，而作为天镇县的一个民族醒钟。

抗战胜利，和平实现，今后的中国走上民主途径，故我们应使天镇县成为全国自由、民主、团结、繁荣的模范，那时想被难的同胞们，亦含笑于地下吧！

后经过较详细的调查，在天镇县的大屠杀中，实际上有2300余人蒙难。至于被残害致伤及被抢劫财物者，则更难以数计。

四

燕赵悲歌：

阴雨霏霏成安城

他们的杀人方法是多种多样的，有的砍头，有的开膛，有的用刺刀从人的两个肩窝里插下去，人死了还见不到血迹。

成安县位于河北省东南端，西依太行山和京汉铁路，东临山东，南有漳河，北有滏阳河，交通方便，素有棉海之称。全县108村，人口不足10万。1937年10月24日（农历九月二十一），日军攻破成安城，野蛮屠杀我无辜同胞5300余人，制造了震惊华北的“成安大惨案”。

1. 军民协力抗敌

卢沟桥事变后，日本侵略者向我国华北平原大举进犯。在这种形势下，为了推动冀东南地区民众参加抗日的积极性，中国共产党组织和发动民众，在成安一带成立了抗日自卫军。之后，中共直南特委又派聂真（抗大学生）、陈荣等20多名干部来成安，与成安地下党员乔瑞生、刘振华、张国良联系，决定分头动员和组织各方力量，一致抗日。张国良以青年救国会会长的合法身份，发动群众，或利用同学关系，先后说服国民党县长李熙章，国民党县党部的沈小平、赵善卿等人参加抗日。聂真、陈荣、乔瑞生、刘振华等人则在城外各村组织和发动民团参加抗日，并适时成立了战地动员委员会。为了唤起民众抗日御侮的爱国心，他们还组织学校的师生们在集市上游行示威，张贴抗日标语，揭露日军罪行。他们的组织和宣传有力地推动了成安的抗日斗争。10月初，国民党二十九军刘汝明部退到成安，驻扎城东三里之刘庄、金山村一带，该部姚子寿率一个营的兵力进驻县城。经我党动员、组织和协调，装备有高射机枪、重机枪等实力最强的武装民团杨朝卿部协助守城。至此，成安已形成一股强大的抗日力量。

1937年10月18日，日军占领邯郸，次日占领肥乡。邯郸、成安、肥乡三个县是一个大三角，成安县为这个三角的顶端。日军占领邯郸、肥乡之后，如果不拿下成安，据守在邯郸、肥乡的敌人背侧，都将受到我方的威胁。当时，成安城北是日

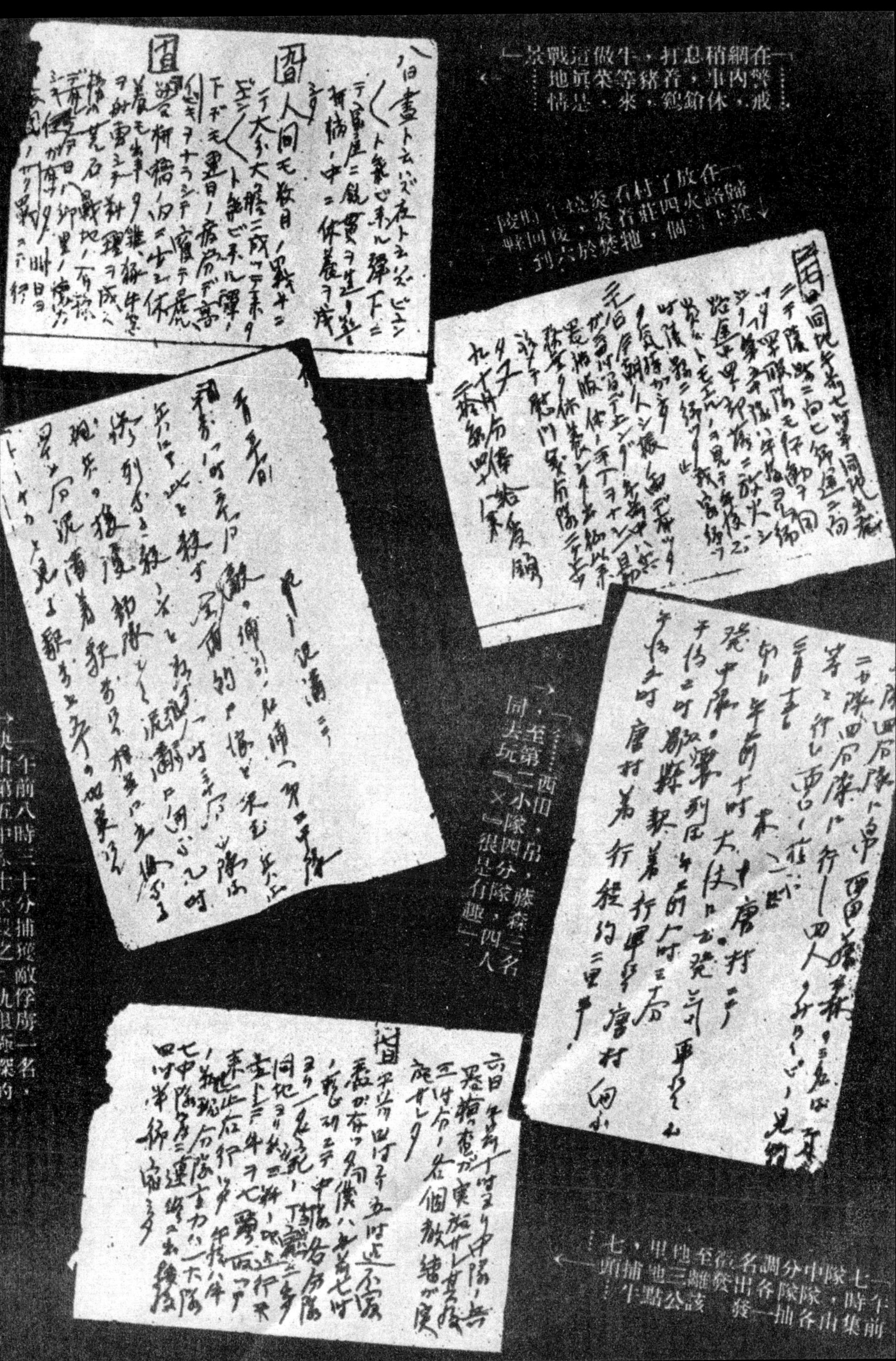

在網稍息打，牛做這戰景
營內事，着豬等菜前地
戲，休鈴，雞來，是情
在放了村石炎燒給明陵
歸路火四莊着炎，後回蛙
途上，個，燒焚於六到
西四，帛，藤森三名
至第二小隊四分隊，四人
同去玩「×」很是有趣
午前八時三十分捕獲敵俘虜一名，
決由第五中隊十六之九根據架的
七隊中分調名至至地里，七
午時，隊隊各出發離三地捕頭
前集由各抽一發該公點牛

军可能进攻的重点。为此，城北由姚子寿营和杨朝卿民团联合把守，其余各城由自卫军自卫团等民众武装分别防守。城东北附近的郑家窑，是个制高点，六十八军骑兵连的一部在这里布置了轻、重机枪，控制着城北的一片开阔地。

1937年10月23日（农历九月二十日）午夜，日军第八师团尚林部队一个大队，由肥乡出发，沿着东西杜堡、天台山南下向成安开进。此时大雾，伸手不见五指，日军走到焦营，抓住几个老百姓带路，当时交给他们几面白旗，并告诉他们，如果成安没有城防部队，就在县城附近路旁插上白旗为标志。几个老百姓明知成安驻有部队，为了欺骗敌人，却有意在大路两旁插上白旗，表示没有城防部队。

日军进抵曲村时，遭到驻扎在该村的县警察局李梅武带领的巡逻队的骚扰射击。这实际上给守城的军民发了信号，提醒他们做好战斗准备。巡逻队转移后，日军即占领曲村村南大庙凤凰台，以此为指挥部，挥兵继续前进。看到路上插着白旗，日军指挥官以为城中没有守军，便放心大胆布置攻城。城墙上早已严阵以待的军民立即以密集火力还击，日军前进受阻，退到路沟隐蔽，又遭到郑家窑上的守军轻重机枪的猛烈射击。于是，日军一部分在沟里掩护，一部分继续向北城攻击。冲到城下的敌人，被城上军民一顿手榴弹几乎全部消灭。城外四乡民

日本侵略军为建造炮楼，将我国同胞的大批民房拆毁

团听见枪声，纷纷向成安涌来。日军停留在城北十里处的子弹车，遭大堤西民团和群众袭击。日军弹药供应均被切断。天明，攻城日军弹尽。我四乡民团赶到，守城军民杀出城来，与日军展开肉搏战。到24日上午9时，战斗结束。日军扔下四五百具尸体，只有二三十人逃走。

向西溃败的日军，气急败坏，窜到高庄逢人便杀。他们闯到高仲家里，一枪打死了高仲。邻居们听到枪声就往外跑，有十几名群众被日军抓住枪杀了。高泽藏在自家的门后面，被日军发现，一刺刀捅进肚子里，当场惨死。常万妮藏在锅台后面，被日军一枪打死。随后日军把抓来的常志玉、王尚贤、高黑德、王守珍等6名群众，用绳子捆起来，押到村东捆在树上，一个个被剖腹砍头，其中王连生、王文生在路上尽力挣扎，想挣断绳子逃跑，被鬼子用枪托活活砸死在村东庙前。随后，日军又窜进了范耳庄，碰见王德俊老汉，日军"伊呀"怪叫一声，一刺刀穿过王老汉的后心；随后日军又搜出李德贵、张登科、刘凤光的父亲和三个哥哥等7人，将他们绑到村东小学门前树上，剖腹开膛。

这伙日军血洗两村后，仓皇回到曲村，与凤凰台的日军会合，对曲村老百姓进行疯狂报复，把没有逃走的30多名群众弄到凤凰台大树下全部杀死。其中张忠的母亲被日军用木桩活活钉在墙上架火烧死。他们还把全村70多头牲畜统统打死，烧毁了百余间民房，而后向邯郸方向溃退。

2. "自由7天"

溃退的日军屠我三村之后，逃奔邯郸。驻邯郸的日军指挥官土肥原贤二听了攻成安失利的报告，大为恼火，指手画脚地发誓，非把成安拿下不可。于是派出炮兵和步兵共约千人，于10月24日傍晚，向成安猛扑过来。为了鼓舞"士气"，土肥原贤二还下令，攻进成安日军放假7天，自由行动。

成安惨案的罪魁祸首、甲级战犯土肥原贤二，战后被绞刑处死

夜间9时许，日军攻城，先以强大的炮火向西门及其附近的城墙猛轰。由于前一天的卫城战斗胜利，使一些群众组织放松了警惕，协助守城的杨朝卿民团也已凯旋回村，再加上担任守城的姚子寿营只有轻武器，有一门迫击炮还没人会使用，在日军强大火力攻击下，毫无反击能力。日军很快把西城及附近一段城墙打开。战事发展很快，这时城外的二十九军部队却按兵不动，日军攻进城内。城内群众纷纷弃家外逃，拥向东门。此时城东门还用麻袋堆着，两扇城门用铁链子锁着，只能容一个人进出。逃难的群众你挤我拥，秩序大乱，把出口塞住了。二十九军姚子寿营长不是组织群众撤退，而是打着“出城抄敌人后路”的旗号扔下几十匹马，骗取群众让开道路，急出东门逃走。自称为“民族英雄”的李熙章县长也以同样借口逃命走了。城内除极少数人挤出城门以外，多数人未能出去。城门底下，大街上到处一片混乱。日军在西城墙上架起机枪，顺着东西大街向人群扫射，我无辜百姓大都倒在了血泊之中。东西大街当中，有几座古老的牌坊，成了影响日军射击的天然障碍物，群众在这几处稍事停留，见东门逃不出去，西城门附近都是日军，只好向城墙上拥去，打算越墙逃走。有些壮年跳城墙逃走了，有些把身体摔坏了。年老的、体弱的、妇女和小孩不敢跳城墙，又返身下城墙，在城内到处乱跑。敌人的机枪不断地扫射，又有很多人中弹身亡。张风林的老伴抱着吃奶的孩子没命奔跑，跑着跑着，一摸孩子的头已被枪弹打开了花。东门洞下死尸层层相压，惨不忍睹。日军看到满街都是乱跑的群众，便用机枪扫射，用刺刀猛挑。无辜的老百姓，陷入了被杀戮的灾难之中。其后，土肥原贤二“自由7天”的命令，又给成安人民带来了空前的浩劫。

25日清晨，侵略军成群结队到处搜查，见成年男子，就地杀死；见到婴儿，抓着两条腿硬是撕成两半，然后用刺刀挑起半个尸体示威；见到女人，不论老幼，不是调戏，就是奸污。

他们的杀人方法是多种多样的，有的砍头，有的开膛，有的用刺刀从人的两个肩窝里插下去，人死了还见不到血迹。

←日军正砍杀中国军人

“房子被烧毁，粮食被抢走，今后的日子怎么过？”
——日军铁蹄下我受难同胞痛苦的哀号

南街李香成的东屋里藏着14个逃难的群众，日军追赶两个女青年闯到了她家，对两个女青年百般污辱。傍晚，几名日军又到她家寻找女人未遂，一怒之下打死了12人。回忆日军残杀乡邻的过程，幸存者李香成痛哭失声，说：“记得那年农历九月二十一日午夜时分，日军用大炮轰开了西门，接着蜂拥而入，枪杀刀砍。城里的人大都向东门逃去。东门未开，门缝只能过一个人。由于人多拥挤，多数人未能出去。有一个中年妇女背着一个没了头的孩子也在跑着。第二天一大早，日军在城里见人就杀，并用机枪扫射，真是杀人如麻！我领着一群老小东奔西跑，在日军不大注意的小巷内，窥见路口都站着端枪巡视的日本兵。我亲眼看见一家弟兄俩满身血伤，被砍杀在路边，一个从他们身边路过的人，看到这兄弟俩尸体也就跌倒在地，直挺挺地躺在地上吓死了。我领着全家大小东躲西藏，回到了家，进院一看，只见满院站着日军端着刺刀，日军从躲在各个屋里的妇女中挑出十几个男子推到魁星楼。这些男子在日军的枪弹下丧了生。日军残暴地砍杀一阵后，逼我去给他们干活。我又气又恨，哪甘心给这些野兽干活。为了保

这是一位被日军先奸后杀的女同胞

住未能逃出魔掌的老少妇女们，我狠了狠心，安顿下在家里躲藏的人就出去了。第二天早起，两个日本鬼子未满足兽欲，用机枪打死屋里11个人，只剩下两三个受了伤满身是血的孤儿，我拉着这些孤儿眼睁睁看着几个日军将死了的人扔到院中粪坑里。我又被他们赶到天主教堂内。天主堂内部是些老老小小的妇女、幼女，大家每天只能吃到一丁点食物，饿得无精打采。幼儿们饿得又哭又叫，都快给饿死了。我怎忍心叫这些在枪弹下失去亲人的孩子被活活饿死，我凭着在给那些强盗做活时的记号（袖章），领着几个老小串街走巷去讨饭。可恨的日本侵略军看见小女孩从地上拣他们扔下的食物，一个劲地大发狂笑。有的用枪托打这些孩子，真叫人咽不下这口气呀！讨饭时，看到路上面洒满了人血、烂衣服，有一段路竟是由一层一层的死人铺起来的，上面蒙了点土就成了'路'，走到上面真叫人浑身发麻。南北大坑更让人不堪入目。坑水被血染红了，水上漂着死了的人和没有身子的人头。"

死里逃生的还有尹德成，当时9岁，他目睹日军杀人惨景，至今不忘。他说：

“日军进城后，我父亲跑出去不见回来，母亲拉着13岁的姐姐和我到处乱跑，最后跑到南街老孙家的南屋里。这个屋里有三个邻居藏着，人多些觉着能壮个胆。吃早饭时日军进了老孙家，人们在屋里东藏西躲。我小，拉着娘蹲在炕沿下边，心里害怕、可是眼还看着。一个日军一跨进这屋门，举枪就把小三娘打死在炕上，随即又打死了张树娘和她的亲家母。俺娘就往灶火台那边藏，另一个日军发现了，一枪打在娘的胸口。我娘看了我一眼，手扶着灶火台就死去了。俺姐姐藏在被子底下，听到枪声和日军的狂叫声不禁一动，日军上炕用刺刀向被窝连刺几刀，姐姐在被窝里痛得惨叫一声，日军又挑起了被子，一枪下去，姐姐断了气。我心如刀扎，恨不得扑上去跟鬼子拼命，可是我太小了。日军狞笑着走了。不知怎的，那个时候我像疯了似的气得到处乱跑，满街死人我也不怕了，当时成安被日军杀的人太多了，数也数不清。我记得这会儿县委的东南角、东北角、招待所的对面南北街三个地方各有一垛死人，每个垛至少有400具尸体。有的是全尸，有的光剩下两条腿。南街季贵拾了一条死人腿，算是找着他爹的尸首

孩子被日本侵略军杀死了，爸妈哭叫着：孩子

日军正肆意抓捕中国军民

了。北街的魏珍爹娘都叫鬼子杀了,俺舅舅帮助他收尸,把找来的尸首装到棺材里刚钉好,可是有人说,棺材里的人是个六指。急忙打开一看,就是六个手指头。旁边有个人过来一看,说是人家的爹,只好让人家抬走了。魏珍只好重新找,可是怎么也找不见了,时到今日他爹的下落不明。找不着亲人尸首的不止是魏珍,可多得很呀!听风林说,他老婆看见日军见人就杀,惨得很,她不忍小小的两岁小女儿死在日军刺刀下,为了叫孩儿落个囫囵尸首,把小女儿按入水缸活活淹死了。"

东大街路南,现在张才家的西边有三间大屋,里面挤了100多名妇女和儿童,日军锁上了房门,在外边用木柴围起来,上面浇上汽油,把那100多人全部活活烧死。

南街尹相中的母亲,拉着自己7岁的女儿小巧和5岁的儿子小高,想找一个安全的地方躲一躲,不料后边追来了日军。她立誓不让母子三人死在敌人的屠刀之下,抱起两个孩儿,跳入文庙前(现工会南边)的大坑,饮恨淹没在积水之

↑日军正把无辜百姓当活靶子射杀

↓被俘的中国军人成了日军大刺活人的靶子

中。

北街大生的儿媳妇，抱着一个吃奶的男孩子，计妮子的媳妇背着一个号啕大哭的女儿。她们往东跑，东边有杀声，回头往西跑，西边有人惨叫，感到走投无路，跳到西大坑（现在的灯光球场），双双自尽了。

南街磨房里，藏着20多个少女，她们的亲人已全部被日军杀死。这些失去亲人的女孩子畏缩在一起。日军闯了进来，从中挑选了四个，带到南街王家，让她们穿上红绿衣裙，边污辱边取乐。后来这几个女孩子回来的时候，已经被糟蹋得不成样子了。

跑到天爷庙里去的20多对老年夫妇，都拉扯着孙子、孙女，他们认为天爷庙是乞丐栖身之所，日军也许不会来，希望在这里避难。殊不知，日军进入天爷庙，把老头们一个个捆起来，拉到庙门外，枪杀了。

城内张狗旦等10多名青年，为了躲避日军残杀，他们藏到天爷庙的前大殿和后殿中间的殿顶斜坡上，饿了两天两夜。地上的日军没有看见，被日军的飞机发现了。飞机上的日军向地面发了信号。这十几名青年被团团围住，从殿顶上被赶下来。他们知道是活不成了，尽管两天两夜水米未进，仍然高呼“打倒日本帝国主义！侵略者必败！”等口号。凶恶的日军立即把他们枪杀在天爷庙门前的坑沿上。

南街老王被日军用铁丝捆在树上，架起干柴活活烧死。

幸存者黄树林那时15岁，已经懂事，每每提起日军残杀乡邻的事情，心中总有一种刻骨铭心的仇恨，他说：“日军进城，第二天大清早来到了我住的地方天爷庙。南街的好多老头、老婆婆、小孩子认为这个庙住的都是叫花子，可能日军不会来，就都跑到这里来。记得东厢房三间坐得满满的，大约有50多人。日军把他们全部赶到院里，端着枪围着把20来个老汉挑出来，他们的老伴和孩子哭成了一片。日军赶着老头们住外走，老婆婆和孩子们上前去拦，日军用刺刀堵住了。老头们被赶到庙外，日军在庙门站上了岗。稍停，庙外响起了枪声，庙内哭得更厉害了。日军走了，大家涌出去一看，天啊！20来个老人个个躺在坑边，全被鬼子枪杀了，我的义父也死在这里。下午，日军把我们20多人撵到一个磨面房里，不许我们动，也不让我们吃饭，实际上那时也找不到饭吃。一直饿到第二天，老婆婆们大声地喊叫，小孩子们大声地喊饿，正在此时，日军又赶来了几个妇女和几个小孩子，我认得其中有南街赵老伴的妻子和他的儿媳妇，三间磨房挤得满满的。万恶的日本强盗从妇女中挑了四个年轻的妇女带走了，第二天早晨才送回来。她们都穿红着绿，戴着耳坠子，都快不能走路了。一进门就泣不成声，他们说：'在王家南楼……'全屋的人明白了，是这些日本野兽糟蹋了她们。我们这些小孩虽不大，但是也知道强盗没有人性，随着她们的哭声我们也哭了。过几天城内比较松了，日军警戒得不甚严了，我去外边窜，走到西南街十字路口，一个平时下雨就存水的低洼路不见了，原来鬼子用老百姓的尸体垫平了，上面撒些土当路走，当时我恨得直咬牙，心想鬼子杀我们多少人呀！越往前走死人越多，路上死人左一片右一堆，有的少头，有的少腿，到天爷庙一看，庙外又有十六七个青年尸体。农历十月初六天一明，日军又清理男人，吓得母亲把我藏在被子下，结果也被搜出来，把我带到神父小跨院里。这里被搜出来的男人挤得满满的，大

日本侵略军正在焚烧我民房

约有200来人。100多名日军端着刺刀围着，神父在一旁口中念念有词，不如道嘟哝些什么。一个日本军官哇啦一阵，翻译说：‘你们心坏了坏了的，你们通胡子，叫来胡子攻城，统统死啦死啦的！’鬼子又从中挑走37个人做苦力，把余下的150余人用绳子捆上，用刺刀逼着，赶到西北城角苇坑边。鬼子又检查了一遍，打了我一个耳光说：‘小孩的不要，开路开路的！’我跑到一边，鬼子的机枪响了。人们倒在坑里，没有被打死的人往苇子丛里钻，鬼子又追过去用刺刀捅死。我愤恨地说：‘小鬼子，早晚老子收拾你们狗娘养的！’40天过去，躲在乡下的城里人拥向城里找寻自己的亲人。女的还有点找到的希望，男的一个也没有了，只可能找到亲人尸体。就连37个给日军当苦力的男同胞，也被日军带到尹庄砖瓦窑边全都给捅死了。人们找啊，文庙坑、天爷庙坑、西北苇坑、大街、小巷，一个尸首翻几遍，但谁也认不清楚了，水泡得烂了，在地上的很少有头，有的被烧得剩下了一条腿，有的只有一个脚。特别是在死人路上扒出的死人更惨，腿也不能拉，一拉腿，腿就断，一拉手，手就折。原来是捂得肉和骨头离开了。后来我走到南门里向西的马道里，那里靠墙摆着100多具男女老少的尸体。娘一眼看准了有个尸体穿的衣服是她亲手所做，虽然面目不清，也敢确认是俺爹爹。奇怪爹爹尸首为啥跑到这里呢？原来是日军弄到这里当枪靶子，从这些尸体身上多处的弹洞也确信无疑了。哭无用，还是安排埋人。那个时候棺材是找不到的，即使乡下有，也买不起，找了个破席，卷起来往南关外找个地方埋了就算了。正在卷尸，有人喊‘日本鬼子又来了！’我和母亲赶紧跑，过一会儿没动静又回来抬父亲尸首，就这样跑了三次，才潦潦草草把老人家埋葬了。”

日军进城后，那个国际慈善组织的“万字会”里，聚集着六七百名避难的百姓。日军杀到这里时，“万字会”成员在会长张石先的带领下，打着“万字会”的旗子出来迎接，一个日军头目一把夺下旗子扔到地下，并斥责张石先说：“你们什么国际慈善？统统死啦死啦的！”闯入“万字会”院内，从在这里避难的百姓中，拉出150多个男人捆起来，押到魁星楼下长坑边枪杀了。血水染红了坑水，150多人没有一个逃生。正当日军往外押人的时候，妇女、小孩们趁机跑了出去，向西街天主教堂躲藏。教堂内已挤满了逃难的人们。他们哪里知道这里名为教堂，实则已变成日本侵略军的集中营，进去的人，男子为其服役，女性受其凌辱。

日军这次在成安城内的大屠杀，死人最多的地方是魁星楼下长坑、文庙前、后仓后面大坑、西北苇坑、西南街、东西大街、东路嘴、天爷庙等处，每处都杀了一二百人。日军在“放假”7天中，还把死难同胞的尸体集中了一大批。他们把男的上身脱净，把女的下身扒光，分别摆成跪着、仰着、立着等各种姿势，靠在日军在城内司令部的东墙上。当靶子练习射击，残暴凶恶，令人发指。

日军一方面在城内大肆屠杀，另外抽出一部分人收拾战死的日军尸体，把尸体集中到曲村附近，从城内“聚义生”商号运来煤油浇在尸体上火化。据翻译富乐天说：当时有些活着的日本伤兵也被抬着往火里扔，他们大喊大叫说：“我还能活呀！别烧我呀！”抬他们的日军说：“别喊叫啦，回国去找天皇去吧！”日本法西斯对本国同胞还这般残忍，对中国人民的残暴就更是可想而知了。

3. “血泪井”

成安县城失守，二十九军退出，驻到城南金山、刘家庄一带。二十九军的其他部队也都驻在成安东面魏县和广平县一带。成安县的各路民团集结在城东路固村，自动成立了军民司令部，其首领是王天直、张志和、白俊、史布堂、许殿邦等民团负责人。从城内逃出来的群众，向军队和地方民团哭诉日本侵略军在城内大屠杀的种种暴行，要求他们为死难群众报仇。二十九军中的广大爱国官兵和地方民团，听到同胞惨遭屠戮，无不义愤填膺，决心拿下成安，为死难乡亲们报仇雪恨。刘汝明派了一个旅，成安民军千余人主动配合，计划以炮火作掩护强行登城，但考虑到我军炮少、炮弹也不多，如果和敌人实行弹药消耗会吃亏。经反复研究决定，成安民军作城外包围警戒，重点放到邯大公路。二十九军抽出身强力壮的三个连的战士，从城东北角的小东门处挖地道向城内突进。工兵在11月5日黄昏开始行动，次日拂晓以前地道挖通。英勇的队员们个个手持大刀穿着短裤和背心，腰间别着手榴弹，有的赤着膀子摸进城里。日军还在平民家里睡大觉，我军进入，手起刀落，把侵略军杀得血肉横飞。天亮以后，敌我双方逐房逐院地展开白刃战，我英勇的战士越战越勇，日军支持不住了，一部分退到东街老当铺庄上(其庄墙高如城墙),一部分退到西北肥乡县杜汤堡一带待援。

在邯郸的日军司令部得到报告,急从邯郸、肥乡、水年三县调集援军支援成安日军。这些日军到达成安后,与我在城外的一个旅和民军展开激战。日军的炮兵比我军多,我军民死亡较大。退到肥乡县境内杜汤堡的日军,看到大批援军赶到,又杀回城里。城内城外都在激战。战斗持续到下午3时左右,日军炮火太猛,我军炮火抵挡不住,伤亡越来越大,便甩开了敌人,且战且退。在城内的我军孤立无援,陷于苦战。到了下午5时,二十九军营长率突围的100多名战士退到城外,城内还有40多名战士未及撤走,被日军封锁在城东北角姓田的东屋(现在招待所东边)。日军喊话,要他们投降。我军痛骂日军侵略中国罪恶滔天,并庄严宣誓绝不投降。日军一面攻击,一面偷偷地弄来了柴禾把房子点着。我42名战士全部阵亡。

日军第二次占领县城后,恼羞成怒,再次血腥大屠杀,凡是留在城内的男人抓到后一律杀死,天主堂的小跨院里挤满了搜去的男人,日军只留下37人给他们担水喂马,其余一百五六十人,日军都用绳子绑上,串成长串,拉到西北大苇坑沿,翻译对他们说:"皇军打成安死了500人,你们心坏了坏了的,又引来马胡子(指中国军队和民众武装,意思是土匪),皇军命令统统死啦死啦的!"英勇的成安人民知道在帝国主义面前无理可讲,个个怒目而视,挺胸阔步来到坑边。在日本兵罪恶的枪声中,我150多位同胞葬身苇坑,坑水变成了红色。只有张见子没有被击中,装死倒入水中,挣脱绑绳藏进苇丛,半夜越城逃出。

1937年日军占领县城时,成安一带阴雨连绵,街道积水很多。日军竟把我同胞尸体垫在水中,上撒黄土垫路行走,仅西南街(今县委会西南)一个十字路口就垫死人240方。此外,文庙前大坑和魁星楼下的长方坑、天爷庙前大坑和西北角的苇坑、后仓北的水坑,死尸漂浮掩盖了整个水面,全城十眼水井里都填满了死人。

仅南宫县在成安做生意被杀死的就有118人,幸存者回忆起来的有:宝丰杂货铺12人被杀光;天盛恒布庄被杀11人;天盛永9人;永聚酱菜铺7人;恒生和杂货铺13人;聚义生杂货铺9人;复兴楼布庄7人。

县城陷落后,二十九军退到广平县孟固村一带。民团回到路固,司令部宣布解散，民团各自回村自卫。城东25里的东河村40多名青年集中拳场，誓死保村卫家。11月8日，日军由成安出发追击二十九军，先头骑兵20多名途经东河村，青年郭福录带领拳场青年手持刀、枪(红缨枪)突入敌群，英勇杀敌，当场杀死七八名。日军又在东河村、河中、河西、河东、高庄、范耳、曲村进行血腥大屠杀，仅东河村被杀群众达57人，李时言一家就被杀13口，村南小井填尸27具，后人称“血泪井”。真可谓村村尸横血泊，户户哭声震天。

12月初，日军因我民众武装的打击，被迫弃城撤走。

走时，还把城内仅存的给他们喂马担水的37名男性“苦力”，带到广平县尹庄砖窑边，用刺刀挑死。

只有刘德成、张风两人未被刺中要害，得以幸存。

据统计，日军在成安县城和附近村庄，接连两次残杀我无辜百姓5300多人，仅城内就有3718人被残害，22户被杀绝，1200间房屋被烧毁，财物被抢劫一空。

五

人间暴行：
惨绝人寰的南京大屠杀

据曾经参加南京大屠杀名叫宫本淳的日本士兵供认，他们在中华门外用刺刀杀了不少奔跑的人，杀到后来，执刀的手都颤抖起来，即使是这样，长官仍命令他们继续砍杀，不许停刀。

故都南京是“虎踞龙盘”之地，向以风景秀丽、商业繁华、人文荟萃而闻名于世。历史上先后有吴、东晋，南朝的宋、齐、梁、陈，南唐、明、太平天国、中华民国在此定都。然而就是在这样一个具有悠久历史的文化名城，侵华日军曾惨无人道地杀戮了手无寸铁的中国军民30余万人（其中集体屠杀达19万人以上，零散屠杀达15万人以上），制造了震惊中外的“南京大屠杀”。这种人间暴行是任何具有民族情感的人都不能忘却的。

1. 古都烽火

抗战前，南京是国民政府的首都。抗日战争全面爆发后，南京的战略位置便变得更加重要。由于这里是当时中国的政治中心，是抗战初期全国抗战的指挥

沦陷前的国民政府门楼

沦陷前的南京城鸟瞰

↑沦陷前的南京鼓楼鸟瞰

↓沦陷前的南京繁华的中华路

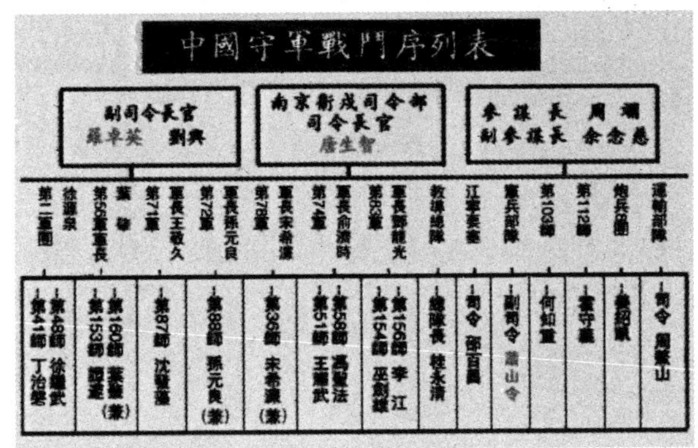

中国守军战斗序列表

所，其得失直接关系抗战局势的发展，因此，无论是蒋介石国民党政权，还是侵华日军对于南京都十分关注。为了不使南京落入敌手，11月20日，国民政府任命唐生智担任南京卫戍司令长官，罗卓英、刘兴为副司令官，率守军约11万人固守南京。南京守军的防御部署是：以4个军的兵力，组成以市郊汤山、栖霞、淳化、板桥等地为重点的外廓阵地；以3个师1个教导队的兵力，组成以幕府山、乌龙山、紫金山、雨花台及环绕全城的城墙为依托的腹廓阵地；以宪兵团和警察总队在城内维持秩序，并就地防守。

为了打击中国人民的抗战士气，从1937年8月14日开始，日军不断出动飞机对南京进行狂轰滥炸，最多的一天竟达90多架次。9月19日，日军第三舰队司令官长谷川清下令对南京等地实行“无差别级”轰炸。日机轰炸后的南京一片废墟，近千名南京市民被炸死炸伤，2000多间房屋被炸毁。

1937年12月1日，日本最高统帅部给华中方面军下达命令：要求松井石根除留一部分兵力据

中国守军向来犯的日军掷手榴弹(上)

中国守军在紫金山炮击日军阵地(下)

在莫愁湖附近牺牲的八十七师二五九旅旅长易安华

在中华门牺牲的八十八师二六二旅旅长朱赤

守上海外，其他部队进攻南京。以松井石根为司令官的日本华中方面军总共有9个半师团，外加辅助支援部队，总兵力在20万以上。12月7日，松井石根亲自起草了《攻占南京要略》。

12月5日至8日，日军未经激战，即夺得了中国守军的第一线阵地。在围攻南京城时，日军向已丧失战斗力的战俘和无辜百姓举起了屠刀，拉开了南京大屠杀的序幕。在城东仙鹤门附近，日军第十六师团根据中岛师团长下达的“大体上不保留俘虏，全部处理之”的命令，将7000多名中国俘虏全部射杀。在城北，日军把乌龙山炮台被俘的中国守军和筑路民夫约6000人，全部射杀。在城南花神庙、凤台乡一带，日军第六师团和一一四师团将难民5000余名、战俘2000余名屠杀。

12月9日，日机在南京上空散发《投降劝告书》，限中国守军次日正午答复。10日下午1时，日军因劝降不成，开始对南京城发起总攻。日军用步、炮、空火力协同作战，猛攻中国守军腹部阵地。中日两军在雨花台、上新河、紫金山及光华门展开激战，城墙多处被敌炮摧毁。12日，日军占领雨花台，开始向中华门、水西门、通济门发起进攻，中国守军积极抵抗，战斗相持至傍晚。战火中，第八十七师二五九旅旅长易安华、第八十八师二六二旅旅长朱赤、第一五六师参谋长姚中英、第五十一师二〇三团团长程智等爱国将领英勇作战，以身殉国。由于

南京街头的反日标语

↑在长江上击落4架日机后沉没的中国“平海”号军舰

↖从1937年8月14日起，日机连续空袭南京。图为日机轰炸南京城

←1937年9月19日，日军第三舰队司令官长谷川清下令对南京实行“无差别级”轰炸

↓南京市区被日机轰炸后的惨景

1937年7月27日，日本首相在第七十一次会议上发表鼓吹侵华战争演讲

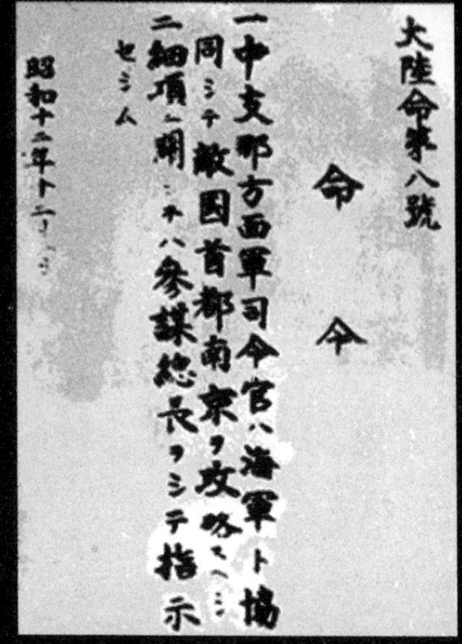

大陸命第八號

命令

一 中支那方面軍司令官ハ海軍ト協同シテ敵国首都南京ヲ攻略スヘシ

二 細項ニ關シテハ参謀総長ヲシテ指示セシム

昭和十二年十二月一日

1937年12月1日，日军大本营下达攻占南京的命令

侵华日军南京大屠杀主要指挥者

日军攻势猛烈，中国守军阵地松动。当天下午，唐生智根据蒋介石的“如情况不能持久时，可相机撤退”的命令，向守城各部队下达了撤退令，他本人随即脱离危城。各据点守军接到命令，仓皇撤退，战线全部崩溃。大批溃军涌向江边。南京实际上已成为一座“无抵抗城市”。

13日上午，日军第六、第一一四师团首先从中华门侵入城内，光华门、中山门、和平门也相继被日军攻入。日军占领国民政府。午后2时，日海军第十一支队溯江而上，抵达下关。午后4时，日军国崎支队沿长江北岸攻占浦口，切断了中国守军的退路。南京遂陷敌手。一场空前劫难随之降临。

12月12日，日军攀上中山门，南京人民灾难降临

向南京进犯的日军

日军乘船从水路向南京进攻

12月3日，日军16师团9联队沿铁路进逼南京

12月8日，日军第16师团9联队越过磨盘山，进攻南京。

日军向南京市郊进犯

↑日军在坦克掩护下进攻中华门

←南京郊外紫禁山下，日军在疯狂残杀中国人

2. 如此宣扬“武威”

日军攻陷南京时，中国守军已经撤防，南京实际上已经是一座“无抵抗城市”。

按照国际法，日军此时不应该再对该城市居民进行武装枪杀。但是，为了扬日本“武威”，压服中国民众，日军还是在南京进行了有计划、有组织的大屠杀。

日军司令官松井石根在攻城前夕，曾对谷寿夫、牛岛、中岛、末松四位师团长赤裸裸地说：“南京是中国的首都，占领南京是一个国际事件，所以必须作周详的研究，以便发扬日本的武威，而使中国畏服。”正是抱着这种“压服”心理，日军对南京的投降官兵和无辜居民进行了肆无忌惮的大屠杀。

关于屠杀初期的情况，《远东国际军事法庭判决书》在经过详细调查后，指出：“好些中国兵，城外放下武器投降了，在他们投降的72小时内，在长江江岸被机枪扫射而集体地屠杀了，这样被屠杀的俘虏有3万人以上。”后经查证，日军在南京的集体大屠杀共有28起，多的一次屠杀达几万人，少的也有几百人。

“入城式” 后站在国民政府行政院前的日军战地指挥官——南京大屠杀元凶。右起为松井石根、朝香宫鸠彦、柳川平助、长谷川清

↑1937年12月17日,日军举行“入城式”,骑马走在前面的为松井石根

↓1937年12月17日,日军在南京国民政府门前举行“入城式”

12月13日晨，日军在三汊河附近用机枪射杀中国军民2万多人。幸存者骆中洋说："从十二月十三日上午九时到天黑，残暴野蛮的日军，就在三汊河沿岸，杀害我军民同胞两万多人。"在中华门附近，日军凡见到中国人，一律枪杀。街上到处都是无辜军民的死尸，惨不忍睹。

14日，日军在汉西门外集体屠杀难民和非武装军警7000余人。据目击者称，当日午后，有难民千人和数百军警被日军机枪扫射，"回顾东岸，尸体纵横，瞬息间弹雨已旋踵而来……如此者，一而至再。"同日，日军在太平门城门口，500余名俘虏被日军集体枪杀。

15日，日军在汉中门外集体屠杀2000余人。这些人被命令排成四路纵队，一批一批地被驱赶到汉中门外，一出城就遭到埋伏的数挺重机

日军将放下武器的中国士兵、普通市民捆绑在一起，押往郊外集体枪杀（上）

图为日军在活埋南京市民（下）

12月15日，占领南京的日军正在掠夺财物

枪的扫射，扫射后，又用刺刀捅，然后，浇上汽油焚尸。屠杀整整进行了4个小时，血水染红了秦淮河。同日夜，日军又在鱼雷营屠杀9000余人。这些被敌俘虏的南京军民，被押往上元门外鱼雷营江边时，突遭预伏的机枪扫射，除殷有余等9人逃生外，其余全部遇害。

16日下午，日军中岛部队把关在原国民党陆军监狱里的上万名平民百姓，驱赶到江东门集中。人群塞满了道路，一直延伸到江东河边，足有三四百米长。傍晚，日军指挥官一声令下，道路两旁的草房全被浇上汽油点燃起来，在火光照明下，轻重机枪一齐开火，交叉扫射，顿时一片哀号。几里之外都能听到人们的痛苦喊叫。屠杀之后，江东门尸积如山，血流成河。第二天，日本侵略军为了让辎重车过河，竟拿中国人来填河截流，无论死人活人，见到了就扔下河去。在固定桥板时，还能听见未断气人的呻吟。日本侵略军称这个人桥为“中岛桥”，大批坦克、军车、骑兵就是从这里开过江东河的。天暖解冻后，尸体腐烂发臭，红十字会派人前来收尸，把尸体拖到两个大坑里掩埋。据红十字会粗略估计，约有15000多具尸骸。以后，当地人称这两个坑为“万人坑”。

16日傍晚，日军在下关中山码头屠杀5000余人。这一惨案的受害者梁廷芳在出席远东国际军事法庭作证说，他于16日上午，被日军押至华侨招待所大空场，一直到下午5时，捕捉人数达5000人以上，日兵指令四人为一列，被带到下关中山码头人行道上，日本一带刀军官命令兵士用麻绳把难民绑起来，每数十步放置机枪一挺，黄昏时分开火，一直屠杀到夜间10点钟。梁廷芳与另一受害者因跳到江中，虽中弹负伤但侥幸未死。与此同时，日军中岛部队又在鼓楼四条巷一

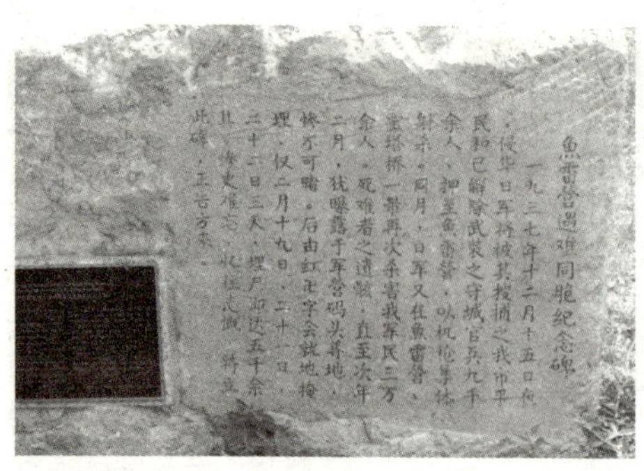

鱼雷营遇难同胞纪念碑

中山码头遇难同胞纪念碑

煤炭港遇难同胞纪念碑

燕子矶遇难同胞纪念碑

带挨户搜捕青年200余人，押至四条巷塘边，5人一捆，全部被枪杀于三个塘内。据目睹这一惨案的谢宝全、吕刘氏、张德才等人出证说，“事隔40多天，我们亲眼见此200余尸体均被水泡大，腐烂不堪”。

17日，日军在下关煤炭港屠杀数万青年。日军将这些从难民区各户和收容所搜捕的数万青年，集中于大方巷的一个广场上，当日黄昏，敌军先把衣履不整的青年数百人枪杀，其余大部分被绑赴下关煤炭港，即以机枪惨杀，死尸推入扬子江中。被害人徐静森之父徐嘉禄和其兄徐琦曾为这一集体屠杀作证，证词说：“综观敌人举动，证明当日为敌掳捕数万青年迄无下落之事实，可知暴敌纯系有计划之大屠杀。”原南京电厂总工程师兼代厂长陆言曾在证词中证明，日军从各处搜捕的军民和电厂工人许江山等3000余人，被驱赶到煤炭港下游之江边，开始时用机枪扫射，后来将没有死的人驱入茅屋浇上汽油放火烧死。发电厂员工

南京下关长江边日军将屠杀后的尸体浇上汽油焚烧的情景

南京下关长江边尸体堆积的场面

12月16日，日军在南京中山路从难民中捕获了五六千名“俘虏”，连老人和孩子也未能幸免。

51人除7人侥幸逃生外，44人殉难。同日，日军又在三叉河放生寺及佛教慈幼院用机枪进行屠杀，死难者约四五百名。”

18日，日军在下关草鞋峡进行大屠杀。曾经目睹这一惨案的鲁苏在证词中写道：“倭寇进城后，将退却国军及难民男女老幼计57000余人，围进幕府山下之四五所村，断绝饮食，饿死者甚多。农历十一月十六夜，复用铁丝两人一扎，排成四路，驱至下关草鞋峡，先用机枪扫射后，复用刺刀乱戳，最后浇以煤油，纵火焚烧，骸骨悉数投于江中。”

19日，在龙江桥口，日军将被俘的中国军民500余人捆绑后，用机枪射杀，后又用刺刀将还有气息的人刺死，并纵火烧尸。

12月期间，日军还在燕子矶屠杀中国军民5万余人，在上新河一带屠杀军民2.8万余人。当时，约有10万余难民和被解除武装的士兵，逃到燕子矶江边，不料，他们正在通过八卦洲往江北避难时，日军蜂拥而至，把难民围在沙滩上，然后架起数十挺机枪，疯狂扫射。顿时，尸体蔽江，水流被阻，至少5万无辜同胞被杀害。证人陈万禄在证词中说：“在燕子矶滩屠杀我无辜平民和解除武装士兵在5万人以上。”日军在上新河一带的大屠杀更是惨不忍睹。曾目睹这一惨案的湖南木商盛世征、昌开远二人在证词中写道：“日军杀害我国被俘军人及逃难人民，共计28730余人，毙命于上新河地区。”他们作证说：“当时本地居民早已逃避一空，因我等是湖南木商，为财产关系，未有离去。尸体由我湖南木业商掩埋。因各处尸横遍野，人血染地，抛尸露骨，见之不忍，遂将尸体掩埋。”

日军占领南京后的疯狂大屠杀历时长达六个星期之久。除了集体屠杀中国

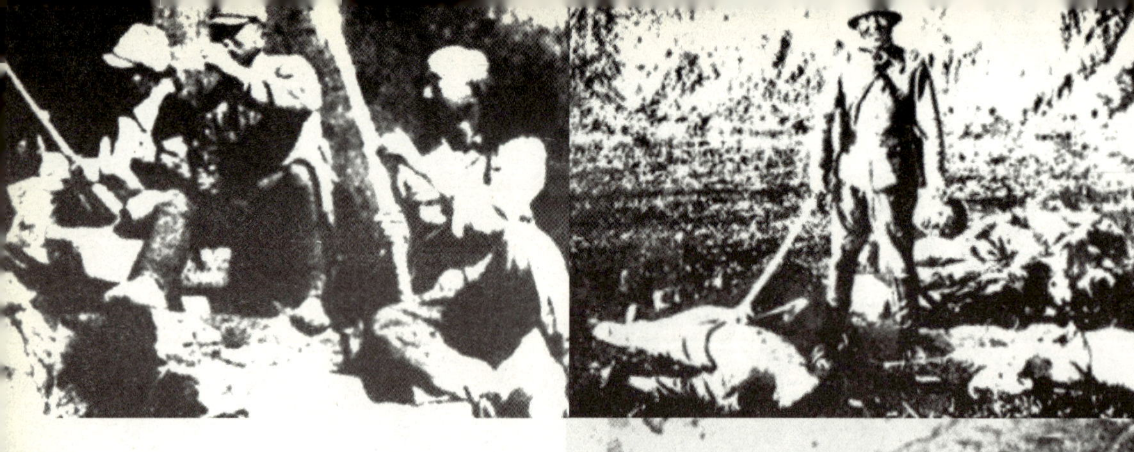

↑三个日军士兵在杀人竞赛后擦去军刀上的血迹
↗以杀人为乐的日军，手提人头留念
→日军驱使军犬撕咬中国平民

军民达19万人以上之外，零散地屠杀也超过了15万人。他们两人一伙，三人一群，到处乱窜，逢人便杀，见房就烧，见财物就抢，捉住女人，先奸后杀，南京顿时成为血腥的人间地狱。

据曾经参加南京大屠杀名叫宫本淳的日本士兵供认，他们在中华门外用刺刀杀了不少奔跑的人，杀到后来，执刀的手都颤抖起来，即使是这样，长官仍命令他们继续砍杀，不许停刀。

在雨花台、中华门一带被日军枪杀的市民、难民数以万计。在健康路、白下路、大光路、石鼓路、中山路、中央路等地的马路和街巷，尸体纵横，“路上东一个西一个，都是我们同胞的尸体”。仅在中山路、鼓楼、新街口等地区以及难民区内，就有万余居民被屠杀。1947年审判战犯谷寿夫时，中国军事法庭查证有据的零散屠杀共858案，尸体掩埋工作进行了数月之久，作证人有1200多名。

→日军将砍下的中国人的头颅拿在手里留影

日本军队在南京犯下的罪行是无可比拟的。他们所到之处，不仅屠杀无辜，而且烧抢淫掠。据目击者称，“陷城之初，沿中华门迄下关江边，到处大火，烈焰烛天，半城几成灰烬。”日军贪婪成性，凡是粮食、牲畜、器皿、古玩，他们无不劫取。如在石坝街50号，日军抢掠国医石筱轩名贵书籍就达四大箱，字画古玩2000余件，木器400件，衣服30余箱。在抢劫了店铺和仓库以后，日本兵为了消灭罪证，经常是纵火焚烧。在大火中，繁华大街顷刻变成了一片废墟，很多民宅也被烧毁，后来据统计，南京城被烧毁的地方约占市区的三分之一。对于女同胞，日本兵更是惨无人道。他们抓到妇女，往往是先奸后杀，目不忍睹。据粗略统计，仅12月16、17两日，我妇女遭日军蹂躏的，已超过千人，并且方式离奇惨虐，前所未闻。如12月13日，民妇陶汤氏，在中华门东仁厚里5号，被日军轮奸后，剖腹焚尸。怀胎9月的孕妇箫余氏，16岁少女黄柱英、陈二姑娘，及63岁之乡妇，亦同在中华门地区惨遭奸污。日军中将谷寿夫本人，也像禽兽一样，在大街上强奸妇女达10多名。日军在南京的暴行惨绝人寰，史无前例，曾经目睹此过程的外国人也深有感慨，认为“凡是可能想像的任何事情，日军进城后，都毫无顾忌，毫无节制，一一实行了。在这一个新时代中，我们找不出什么东西足以超越日军的暴行。”

日军第六师团师团长谷寿夫（左）因在侵华战争中有特殊表现，于1938年1月回国“述职”时受到嘉奖。

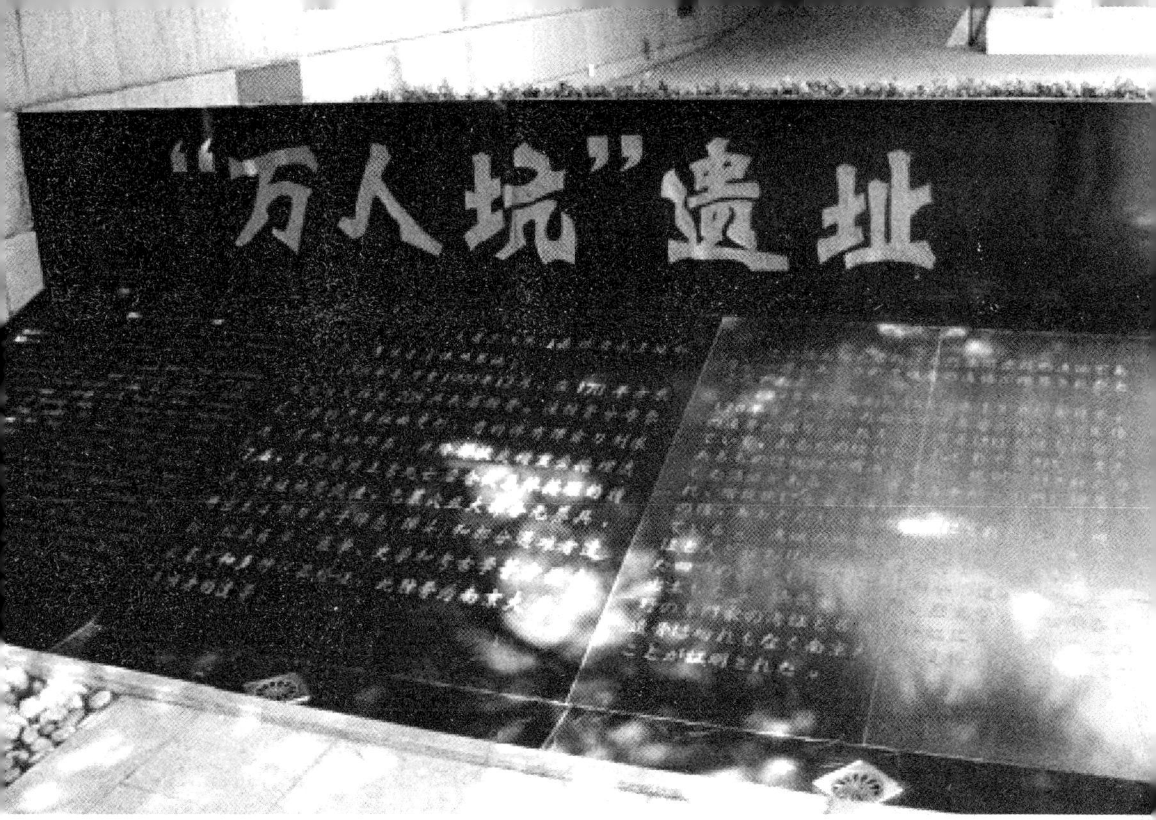
“万人坑”遗址

“万人坑”遗址

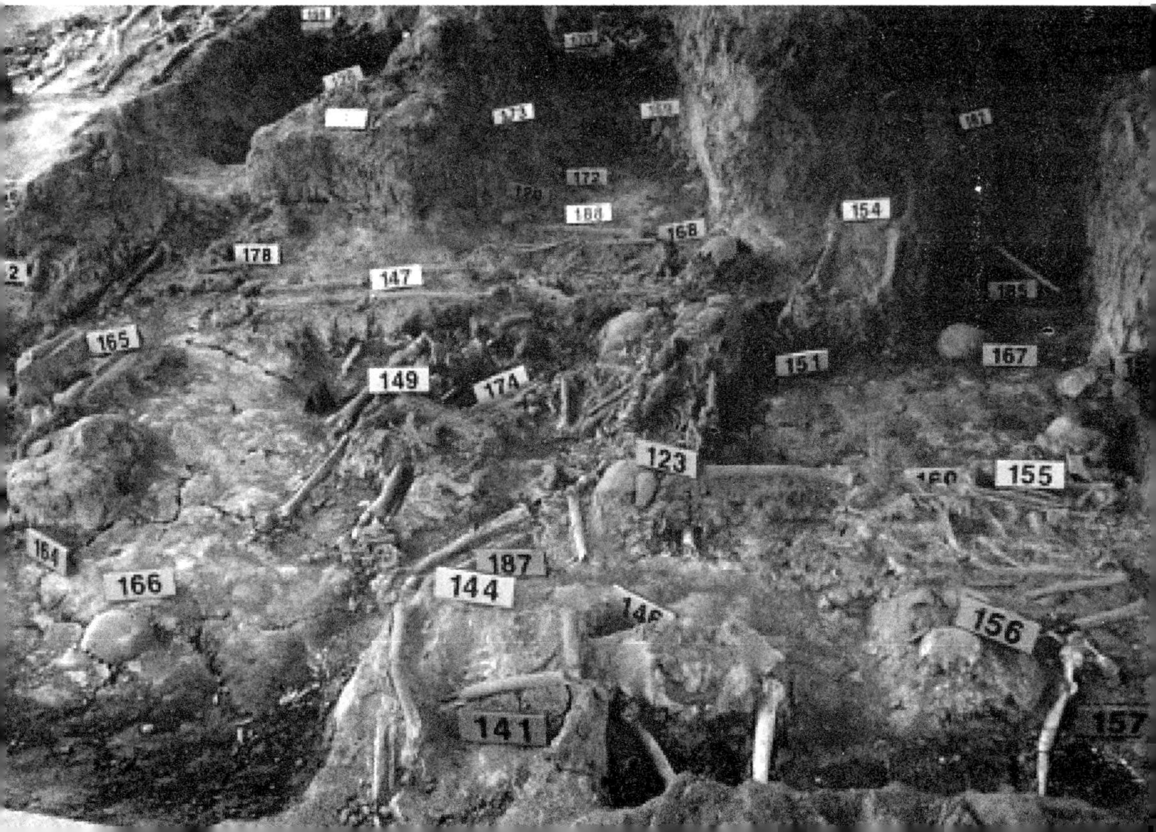
154
178
147
165
149
174
151
167
123
155
164
166
187
144
156
141
157

3. 铁证如山

对于侵华日军攻陷南京及在南京的暴行，当时的日本政府是大肆宣扬，竭力鼓吹，声称这是“皇军”的伟大胜利。

在日本政府的蛊惑下，日本国内出现一种战争狂热。许多民众走上街头，欢欣鼓舞，竞相庆祝“皇军”占领南京。有很多日本青年甚至放弃工作和学习，纷纷参加军队，誓死要为天皇效命。

对于侵华日军惨无人道的屠杀罪行，日本新闻界更是大加赞赏和宣扬。南京刚刚陷落，东洋文化协会便于1938年2月1日出版了《南京陷落祝贺号》，以示纪念。一些日本报纸的记者对大屠杀不仅不谴责，反而当作辉煌的战果来报道。例如，中岛部队中有两名少尉，一名叫向井敏明，一名叫野田毅，以杀人为乐，进行“杀人比赛”，结果大阪《每日新闻》、东京《日日新闻》都将其作为重要新闻进行宣传。1937年12月东京《日日新闻》以《紫金山下》为题竟作了这样的报道：

准尉向井和野田曾约定作一个砍杀100敌人的比赛，12月10日，在紫金山下相见，彼此手中都拿着砍缺了口的军刀。

野田道：“我杀了105名，你的成绩呢？”

向井答：“我杀了106名。”

于是两个同作狂笑：“哈哈，向井先生多杀了一个！”

可是很不幸，确定不了是谁先达到100之数。因此，他俩决定这次是不分胜负，重新再赌谁先杀满150名中国人。

12月11日起，比赛又在进行。

同时，该报将这两个日本兵照片刊出，并加以按语云：此两“皇军”又将继续杀人矣！

一场惨绝人寰的大屠杀，在日本政府和新闻媒体的宣传中，竟成了胜利，难

“东洋文化协会名古屋之局”于1938年2月1日出版《南京陷落祝贺号》。封面为日本东京闹市区庆贺日军占领南京的沸腾街景。（上左）

1937年12月13日，日军攻陷南京后，日本街头出现了战争狂热。（上右）

1937年12月13日，日军攻陷南京后，日本街头出现了战争狂热。（下左）

1937年，卷入战争狂热的日本妇女在游行庆贺前方的胜利。（下右）

怪至今仍然有很多日本民众不明南京大屠杀的真相，认为这是虚构的一场大屠杀。然而侵华日军在南京的暴行，毕竟是无法掩盖的。当时在报刊、画报、书籍中宣扬“军威”和“武士道”精神所引用的事实，其实在一定程度上就证明了这一屠杀罪行。同时，日本的历史档案也证明了这一事实。如直接指挥侵占南京的日军上海派遣军司令官朝香宫鸠彦曾签署过一道“机密，阅后销毁”的命令，要求“杀掉全部俘虏”。第十六师团长中岛于南京陷落的当天，在他的日记中记下了该部执行的情况：“由于方针是大体不要俘虏，故决定将其赶至一隅全部解决之。”可见南京大屠杀是当时日本最高当局的意旨。此外，一些当时在华的外国人的日记、调查和报道也都事实确凿地证明了日军的暴行。如《拉贝日记》就翔实地记录了日军在南京的所作所为，英国《曼彻斯特卫报》记者田伯烈称日军的暴行是“现代史上破天荒的残暴记录”，“现代文明史上最黑暗的一页”。美国《纽约时报》记者杜廷谴责日军“把南京变成一座恐怖的城市”。

侵华日军在南京杀害无辜中国军民的人间暴行是每个中国人都不能忘却的，为了纪念死难的同胞，中国政府在南京特意建立了“侵华日军南京大屠杀遇难同胞纪念馆”。

纪念馆的石墙上浇刻着“遇难者300000”字样，警示国人不忘国耻。在纪念馆的沿途还安放“鱼雷营”、“燕子矶”、“东汉门”、“雨花台”等13块碑雕。这都是侵华日军血腥暴行的铁证。

敵の猛射も蛙の顔に水
安徳門を踏み潰す
見よ眼下に南京展開
百発百中 宜なる哉
空から弾道を導く
中山門撃破の壮観！
百人斬り超記録
向井106－105野田
両少尉さらに延長戦

“占领南京前谁先杀死百人”比赛的日军第十六师团第九联队野田毅少尉（右）和向井敏明少尉（左）

↖ 日本《朝日新闻》刊载的报道，日军攻陷南京后在长江边大批屠杀中国俘虏。

↑《朝日新闻》报道南京大屠杀

←朝日新闻对日军攻占南京的报道

↙ 日本媒体欢庆占领南京

↓日本媒体报道日军占领南京

→广田弘毅在致日驻美大使馆电中承认日军在南京等地用血腥手段使“不少于30万的中国平民遭杀戮”

↓南京遭屠城后尸横遍野

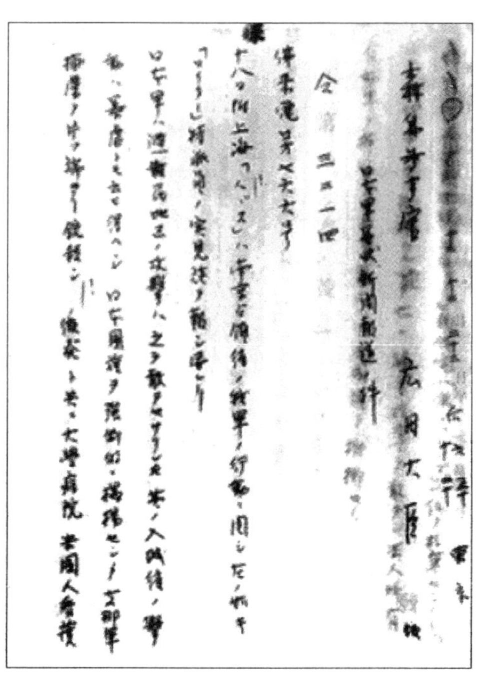

←日外务大臣广田弘毅向北平森岛参事官通报路透社和《泰晤士报》报道日军在南京奸淫、烧杀、抢掠暴行的电文

↑日军第十六师团三〇旅团三十八联队二大队士兵东口义一。东口义一口供“凡可疑者一律逮捕”

八、右命令ニ基キ兵器ハ第一第四中隊ニ命ジ整理集積セシメ
ノ監視兵ヲ附ス
午後三時三十分各中隊長ヲ集メ捕虜ノ処分ニ付意見交
換ヲナシタル結果各中隊（第一第三第四中隊）ニ等分ニ分配シ
監禁室ヨリ五十名宛連出シ、第一中隊ハ露営地南方
谷地第三中隊ハ露営地西南方凹地第四中隊ハ露営地
東南谷地附近ニ於テ刺殺セシムルコトトセリ
但シ監禁室ノ周囲ハ厳重ニ警戒兵ヲ配置シ連レ出ス際
絶対ニ感知サレザル如ク注意ス
各隊共ニ午後五時準備終リ刺殺ヲ開始シ概ネ午後七時
三十分刺殺ヲ終リ
聯隊ニ報告ス
第一中隊ハ当初ノ予定ヲ変更シテ一気ニ監禁シ焼カントシテ
失敗セリ

歩66連隊Ⅰ大隊の戦闘詳報（12月13日）

←日军六十六联队一大队的《战斗详报》(部分)载有杀害全部俘虏的内容

↑南京大屠杀遇难者纪念墙

↓"遇难者300000"纪念墙

遇难者
VICTIMS
遭難者
300000

鲁南烽火：
临沂大惨案

德国神甫紧闭大门，万呼不应，走投无路的难民瞬间聚集700之众。这时，丧心病狂的日本兵，一面从教堂西面向难民扫射，一面在教堂以东各个路口用机枪堵截，毫无遮挡的人群纷纷倒下。

临沂位于山东南部，地处交通要道，自古为兵家必争之地。1938年4月21日，在台儿庄大战遭到重创的日军第五师团所属国崎旅团攻陷临沂城，之后大肆烧杀，共屠杀平民3000多人，制造了“临沂大惨案”。

1. 狂轰滥炸

1938年3月初，侵华日军进逼山东临沂边境。驻守临沂的国民党第四十军庞炳勋部在第五十九军张自忠部增援下，与进犯临沂的日军展开了近一个月的激战，给敌人以重大杀伤。尔后，张、庞两军相继撤出战场，临沂遂于4月21日失守。

日军侵占临沂城前，曾先后在城北古城村和战西大岭村制造了两起惨案。

3月下旬的一天，天刚放亮，日军如狼似虎地闯入古城村。农民王汉友一家四口躲在地瓜窖里，被日军用点燃的秫秸堵住窖口，活活烧死。接着，日军放火烧房，农民王殿思背起被火烧伤的母亲往外逃，没跑多远，被日军用枪打死，母子双双倒在血泊中；一个躲在墙角里吓昏了的老嬷嬷，被日军拖到街上点火焚烧，老人惨叫，日军却站在一边狂笑。不到一天的时间，古城村就变成一片废墟，断垣残壁，血迹斑斑，全村被杀害62人，有一户被

↑房子被日军烧了、父母被日军杀了的无家可归的儿童

→逃难的难民

杀绝。逃难的群众在渡河时，又被日军抓住数十人，用刺刀逼着脱光衣服向河里跳，谁不跳，上去就是一刺刀。除个别人死里逃生外，多数人惨死在水中，日军却在岸上狂笑。

日军进大岭村后，更是无恶不作。刘志贤母亲的嘴巴、王富德母亲的乳房被割掉，姜志敏之父及祖母等27人被枪杀。躲在村西观音庙里的避难群众，除两人逃脱外，被日军用机枪打死45人。全村300多间房屋被烧光，姜志茂、赵洪义、姜志顺、张守信等四户被杀绝。

与此同时，日军不断派飞机对城里狂轰滥炸，特别在城垣弃守之前的两三天内，轰炸扫射日甚一日。一枚炸弹在城内北大街路南王贞一杂货店的防空洞口爆炸，在洞内避难的男女老少30多人，有的被炸死，有的被闷死，无一幸免。颜家巷郁鸣漪一家，除本人逃出外，其他人全部遇难。郁本人也因忧愤过度当晚自缢身亡。西门里路南开杂货店的李润生之父被炸死在自己家中。在西门里天主

←被日军屠杀的和平居民

→日军飞机轰炸后家破人亡的景象

堂内避难的群众被炸死炸伤300多人，修女尤姑娘被炸得骨肉分离，糊到墙上。住在洗砚池附近的刘玉芝老人在回忆日军飞机轰炸惨状时，恨得打哆嗦，难过得想哭。她说："俺父亲当时52岁，就是被日本鬼子的飞机炸死的。他浑身都炸成了肉渣子，只剩下了一个头。出殡时是配上假身子安葬的。打那以后，俺母亲就领着俺姊妹三人出外逃难去了。我母亲因为死了亲人，生活又没有着落，整天哭得死去活来，连饿带病，一年以后也死去了。那次鬼子的飞机轰炸，光俺院就炸死了四口人。有个唐大娘藏在地窨子里，被炸得鼻孔窜血而惨死。还有个卖炭的，他老婆被炸没了影，后来在院子里只扒出了一条腿。有个小女孩才一岁，脑瓜子被炸得稀巴烂，一绺头发和血肉黏在一起，糊到了墙上。"

日军进城后，在大街小巷密布岗哨，架上机枪，挨户搜查，堵门截杀。日军每到一家，遇人就是一刺刀，对中青年妇女先奸后杀，连老人、小孩也不放过。未及走脱的居民纷纷越墙，向西门里天主教堂方向寻求避难。可是，

德国神甫紧闭大门，万呼不应，走投无路的难民瞬间聚集700之众。这时，丧心病狂的日本兵，一面从教堂西面向难民扫射，一面在教堂以东各个路口用机枪堵截，毫无遮挡的人群纷纷倒下。

这是第一次集体大屠杀，没听说有谁逃得出去。事后用车拉了好多天，才把尸首清理干净。

2. 血泪回忆

日军在临沂城内，穷凶极恶，逢人便杀，毫不留情。日军进城的当天，发现了在城内西北坝子三个防空洞及西城墙根躲难的群众，于是，先用机枪扫射，再用刺刀戳杀，480多人全被残害。宁振芳是此次屠杀的幸存者，当时还小，才出生48天。她全家10口人被杀了9口，就剩下她孤零零一人。当时她全家人都藏城墙洞子里。鬼子发现后，把洞子里的人全都用刺刀刺死。她母亲穿着件大棉袄，上下挨了三刺刀。因为她身体小，正趴在母亲怀里吃奶，没有被刺着，幸亏街坊陆大爷在事后盖尸时发现她还有口气，才被救出，抱给宁孙氏大娘收养，长大成人。幸存者孙建芝是临沂城书院街人，每逢想起自己的亲人惨遭鬼子杀害的情景，就气得浑身发抖。他说："鬼子进城时，许多人家都逃难走了，我家因老的老、小的小，只好躲到城墙洞里去。一天下午，我和母亲实在渴极了，就一块出来找水喝，结果被鬼子发现，跟踪到城墙洞前。鬼子先是往里面打枪，扔手榴弹，接着又放毒气。我三舅当场被打死，三舅母被打断了腿。我的棉袄被子弹穿了好几个洞，幸亏没打着皮肉。我大舅、舅母和表哥实在坚持不住了，就一起爬出去，结果都被鬼子刺死。当时俺们心想，与其叫鬼子杀死，还不如自己死了好。于是就一起跑到丁家园跳了井。我姥姥和姐姐是先跳进去的，都沉下去了，我和母亲是后跳的，因井底塞满了跳井的人，所以没淹死。事后，我母亲、二姐和我被救活，又躲到徐家园地窖里藏了起来。在那里，白天不敢露头，只有半夜里出来找口水喝，找些树叶、野草充饥，身上瘦得皮包骨头。就这样，俺娘仨在地窖里整整呆了100多天。"在火神庙附近住的李树英老人回忆起日军屠杀暴行，更是恨得咬牙切齿，说："火神庙有个地窖子，鬼子进城时，许多人都往那里跑。正跑着，有一个鬼子抓住了郑嬷嬷，要糟蹋她。俺三公爹就因为说了一声'她老了'，就被鬼子一刺刀捅死，郑嬷嬷被强奸以后，也被刺死。和俺三公爹一起跑的还有两个邻居，

←这是一具死于战火的儿童尸体。照片前方席片掩着的，和后方粗陋的棺木中装着的，都是战争中罹难的中国儿童尸体

面对被日军炸毁的房屋和残杀的亲人，人们悲痛欲绝

也都被鬼子刺死。”孟庆祥亲眼目睹了日军的残忍，每每想起当时情景，就出奇愤怒，说：“住在我屋后的马进元，鬼子来了，他往南堂医院的墙上爬，叫鬼子一刺刀刺死了。靠我家的屋山墙，有个人叫侯祥，50多岁，他在井台上提水，被鬼子一刺刀刺死了。徐老头老两口，一听到天主教堂打钟，就往东边老郑家的地窖子跑。一个炸弹扔下来，两人都被炸没了，事后发现，附近的树上挂着一个小‘纂’（即妇人的发髻）。”王建德一家和邻居老常家娘俩、老石家一家15口，一共20人，为了躲难，都藏在北城墙根的地洞里，天傍黑时，被鬼子看见，朝洞里打了一梭子机枪。因这个洞子是丁字形的，人躲在两边，没被打着。鬼子在外边咿哩哇啦地直叫，老石家的老头因为会说几句朝鲜话，就领着全家人出洞了。跟着鬼子出去大约两丈多远，就听着外边叫喊的没个人腔儿。过了好大一会，他家和老常家5口人一起出来，看见老石家一家人全被鬼子杀死了。李玉英家住临沂城西关书

院街北马道。鬼子进城时,突然窜到她家,把她的公婆和丈夫全拉了出去。她吓得抱着刚满月的孩子钻到了床底。她怕孩子哭让鬼子听见,就用奶头塞住孩子的嘴,紧紧地搂在怀里,没想到,把孩子给活活的憋死了。她在床底下趴了一天一夜。第二天,见失去了孩子想自杀,没有死成,最后设法找了绳子,从西城墙上坠绳出城逃跑,才总算幸免于难。

惨无人道的日本侵略军在临沂城的血腥大屠杀持续时间之长、手段之残忍,令人发指。西门里大公巷一少女,被日军轮奸后又用刺刀刺死。老营坊巷东一女青年,被敌人轮奸致残后死去。日军从南门里一杂货店院里的防空洞中搜出20余人,当场全部用刺刀刺死。崔家巷一户的小孩子出疹子,按中国人的惯例,门口挂红布条,日军怕“传染病”,点火将小孩活活烧死。日军搜查城隍庙东杨家园时,妇女纷纷跳井自杀,顷刻之间,死尸塞满井筒。茶棚街胡士英家的防空洞较大,藏人很多,日军堵门用机枪扫射,并向洞内扔手榴弹,死者无数。日军走时,还在胡家大门上写着:此院死尸大有。北门里路西一老太太年过70,卧病数月,生命垂危,全家7人围守病床,未及躲避,日军进院后将男子全部刺死,女的被迫背起病人一同跳井。城内居民凡被日军发现者均惨遭毒手。一次,日军驱赶着30多人清扫北大寺(今东风制药厂处),干完活,说叫他们站队点名,结果被机枪点射,全部丧生,尸体被推进大湾内。

全城的幸存者寥寥无几,有的在地窖内东躲西藏多日,挣扎活命;有的白天在炉膛内藏身,深夜从城墙水道中爬出,住在南关美国医院的近百名原国民党第四十军伤员,连夜转移到郊外,多数重伤员死在医院附近的麦田里,曝尸旷野,无人敢收。万恶的日本侵略者,在城西疯狂屠杀十余日后还嫌不够,又在火神庙旁和南门里路西设了两处杀人场,用军犬、刺刀屠杀无辜群众以取乐。王学武的父亲被日军用刀剁成三截;徐廷香之父、吕宝禄等被军犬活活咬死。全城被害群众计2840余人,加上沿途杀戮,共达3000人以上。

日军在进行血腥大屠杀的同时,还纵火毁城。从火神庙以西、槽王庙前玉聚福街东、洗砚池以南,北到石碑坊、畅家巷至刘宅一带,大火一直延续六七天,整个城西南隅化为灰烬。南关老母庙前、阁子内外,房屋全被烧光。至于其他财产的损失,更无法统计。

3. 奴化教育

随着日军的大举进攻，对沦陷区的奴化教育和经济掠夺也就开始了。

为了达到“以华制华”的目的，日军强化对青少年的奴化教育，先后在临沂城设立了临沂中学、县立简易师范学校、沂州模范小学、兴亚小学和励廉小学，在场头、独树头等十几处农村集镇设立了小学。学校主要由日本教官管理，所开“修身”、“体育”、“历史”等课的内容大都是宣传“东亚共荣”、“中日亲善”和武士道精神。

为了把青少年“务期养成兴亚中坚分子”，日本侵略者一方面通过汉奸、警察加紧监视、控制，还在1941年开始的“治安强化运动”中强行在沦陷区的学校里推行“自肃训练”，在学生中加强“思想之考查”。

↙ 中国人民的财产横遭日军洗劫
→ 日本侵略军正在抢农民的小羊

1944年春，日军在临沂城里原“大夫第”旧址设立了安放战死日军将士骨灰的“神社”，日伪人员强迫学校师生去开追悼会或吊唁，并明令各校每月8日和9日上午，一律为日军侵华举行“必胜祈祷式”。

日军在占领区的奴化宣传由“宣抚班”操纵。抗日战争爆发后，侵华日军各部队连队以上都设有“宣抚班”组织。这是日本侵略者对中国人民“教化安抚”、“剿抚兼施”的工具。占领临沂后的日军山本旅团，该部“宣抚班”编号为九九三，组成人员中日本人和汉奸各半，班长中山幸夫，系东京帝国大学毕业的特务。汉奸多为通日语的“满洲国”人。

临沂大屠杀不久，“宣抚班”就把“宣抚”临沂头面人物和哄骗逃反居民回城作为首要任务。他们通过各种渠道和方法，查出逃反在外的地方实力派人物的地址，施以威逼利诱和手段，使他们回城。清末民初的中将钱广汉、钱广湘就是这样返城的。

日军“扫荡”我根据地时，在日军的烧杀抢掠之后，“宣抚班”带着医护人员，除医治日军伤病员外，也偶尔对伤病群众进行诊治，借以规劝老百姓做皇军“顺民”。“宣抚班”还利用节日和农村大集，在群众中鼓吹“中日亲善”、“东亚共荣”。

侵占临沂的日军对临沂人民群众财产的掠夺，达到无以复加的程度。由于日军的横征暴敛，强取豪夺，人民生活极端困难。据《大众日报》1942年4月4日报道：“台（儿庄）潍（坊）公路两侧的民众苦不堪言。时粮价昂贵，小麦每升涨至17元（战前每斗0.9元——编者注），高粱每升12元（战前每斗0.5元）。民众用花生壳充饥。”敌占区苛捐杂税多如牛毛，仅“警备费”、“建设捐”、“和平救国活动捐”，每亩地就分摊100元，贫雇农简直无法生存。

日本法西斯早就对齐鲁大地的矿藏资源和文化宝藏垂涎三尺，临沂沦陷后，日本宪兵队沂州分遣队加紧了对当地的镇压和掠夺文化。

1937年秋，临沂城南郯城县农民罗佃邦翻地时得一特大天然金刚石，重一两八钱（合281.25克拉），大如核桃，色黄而透明，状如出壳小鸡，当地农民喜称其为“小金鸡”。消息传出，当地保长朱希品带人将其抢走。日军占领临沂后，伪临沂道尹公署顾问川本定雄得知此事，又将金鸡钻石劫去。在我国迄今发现的4颗特大钻石中，常林钻石重158.786克拉、陈埠二号钻石重124.27克拉、蒙山一号钻石重119.01克拉，金鸡钻石居重量之首。这一珍宝，至今未归神州。

在日本宪兵队沂州分遣队下，还设“东洋文化社”和“中兴煤矿沂州联络所”。

“东洋文化社”负责临沂文化遗产调查，以便窃取回国，金鸡钻石的掠夺，就是他们干的。“中兴煤矿沂州联络所”则负责维护日军对枣庄矿区煤炭的掠夺，日军经临沂运走中兴煤矿的多少原煤，已无法统计。

七

粤东冤魂：

惠州大惨案

仅在抗日战争时期，广东省惠州城先后四次沦陷，侵华日军占领惠州期间，大肆烧杀、奸淫、抢掠，无恶不作，仅1942年2月4日第三次沦陷的头三天，日军就屠杀居民3000人以上。

在抗日战争时期，广东省惠州城先后四次沦陷，侵华日军占领惠州期间，大肆烧杀、奸淫、抢掠，无恶不作，仅1942年2月4日第三次沦陷的头三天，日军就屠杀居民3000人以上。

四次沦陷日军总计屠杀居民5000余人，这就是骇人听闻的“惠州大惨案”。

1. 烧杀抢掠

1937年七七事变后，日本军国主义先后向中国的华北大举进犯，占领北平、天津、上海、南京等地之后，又将侵略魔爪伸到华南。1938年10月上旬，日军在台湾集结陆军两个师团、海军两支舰队共大小舰艇30余艘，各种飞机60余架，共4万余人的兵力，由华南派遣军司令后藤中将指挥向南海进犯。其先头主力舰艇于10月9日14时从澎湖马公岛起航，11日下午5时抵达大亚湾口外的虎头门洋面上。12日凌晨，日军在强烈炮火的掩护下，分两路在惠属大亚湾强行登陆。一路在霞涌登陆，霞涌原驻有国民党海军陆战队一个营，仅略作抵抗即向稔山方面溃退。日军迅速占领白芒花、平山等地，第二天，日军侵占良井、平潭，直向马安、惠州进逼；另一路日军于12日上午在盐步头登陆，防守澳头的一五一师罗懋勋团的一个营因众寡悬殊，在日军海陆空军强大火力压制下，伤亡重大而退出沿海阵地。日军第十八师团右翼部队，步兵五十六联队，独立机枪第三大队、山炮兵第一一一联队登陆后，12日傍晚进入通湖墟以北地区，左翼部队步兵一一四联队、独立机枪第二大队、野炮兵第十二联队在岩前登陆后，向淡水进逼。守军两个营，稍经抵抗后溃退，13日，日军侵占淡水。敌由淡水侵占永湖、三栋进抵冷

→家没了，父母也没了，只剩下了这孤苦伶仃的兄弟俩

水坑附近，直向惠州逼进。另一股由永湖侵占镇隆、陈江再即北窥惠州。这样，日军就从三面形成对惠州的包围。

10月14日清晨，由冷水坑及陈江向惠州进攻的两路日军，直扑城郊。是时惠州城内外，尚有各处退来的一五一师师直部队和四五一旅何联芳部队等。因撤退不及，均凭借飞鹅岭附近的大小挂榜山堡垒抵抗，激战数小时，因受日军炮火及飞机猛烈轰击，伤亡惨重，纷纷向博罗溃退，所有重兵器、大炮、车辆等，尽落敌手，情形狼狈。由平潭进攻惠州的日军，仅在进军途中偶遇少数散兵而发生战斗，亦抵达惠州。此后各路日军在惠州境内，再未遇到任何抵抗，惠州第一次沦陷了。

日军入城后，大肆烧杀。

日军纵火烧毁民居、店铺，火光冲天

日军肆意捕获枪杀中国军民

首先纵火焚烧惠州最繁华之水东路店铺，继则在其他街道纵火，大火十余天不熄，城内街道店铺、民房被焚毁，成为一片废墟。

据不完全统计，仅商店被焚毁就达200多间，损失资产200多万元。日军进入惠州后，见人就杀，见物就抢，看见妇女则施暴强奸，不论是六七十岁的老妇，还是十二三岁的幼女，一旦落入日军之手，无一幸免。

日军侵占惠州城50多天，惠州居民死伤惨重。12月7日，日军退出惠州时将连接惠州东、西两城的惟一桥梁东新桥也炸毁了。国民党军队师长温叔海于日军退去两日后，始敢来惠州。将至惠州城，放空枪千余发以示威，旋即电报其上级，谓力战几昼夜，将日军逐去，克复惠城云云。

同期占据惠州附近博罗的日军，同样实行烧、杀、抢的三光政策。杀死70多名留城看家的老人，全城90%的民居、商店被焚毁，财物、牲畜被抢劫一空。此外，日军在博罗城郊的鱼下村杀害村民100多人，制造了“百人大惨案”。白礼村被杀害5人，百足岭被杀害10多人，水西被杀害30多人，鸡麻地、三徐、何岭、仙人井各村，也都遭到不同程度的烧杀和抢掠。

日军撤出惠州后，仍然占据博罗、东莞及增城一部分乡镇，并常常派出队伍对乡村进行骚扰和掠夺，或杀人，或放火，使民众惶恐不安，居无宁日。日军还接连不断地从广州派出飞机，轰炸惠州、博罗等地。一次，日机对东江江面停泊的木船，先用机枪扫射，继而低空投弹轰炸，江面上运载煤油的木船中弹着火，浓烟滚滚，火焰冲天，停泊于油船附近的木船也顷刻起火，化为灰烬。有一次，日军飞机偷袭惠州，居民急于逃避，进入水东路西门口处的意大利天主教会开设的若瑟医院，人们认为若瑟医院房顶瓦面上挂有意大利国旗，日机不会轰炸。

岂料日机见人群涌入这座楼中，旋即投下一颗重型炸弹，医院被炸毁，避难者200多人全部伤亡。

又一次，日机投弹轰炸水东路尾西门口，炸毁商店十余间，数十名居民被炸死炸伤。

2. 屠城屠村

1941年5月初，日军出动第十八、二十八师团各一部，以大包围的战术进攻惠州、博罗，企图歼灭中国守军独立第九旅。日军分兵三路包围惠州，一路经石龙沿东而上；一路由樟木头绕道斜出，经平潭、永湖、马安、三栋；另一路从博罗至岭头渡江，进占横沥，形成对惠州的重重包围。驻惠州的国民党第十二集团军的独九旅与日军接战。黄昏，日军退回铁路线。5月9日拂晓，日军调动陆空军进行反击，轰炸陈江一带防线，并用剪形战术，一路由惠樟公路前进，与独九旅六

这是惨死在日本侵略军屠刀下的百姓

二六团展开拉锯战，另一路日军由东莞观澜圩迂回新圩、镇隆，向防军保十团所守之烂草鞋山及佛祖坳一带阵地攻击，因该团早已放弃阵地撤退，于是六二六团侧翼就暴露在日军火力之下，形势非常不利，遂撤至惠州城外佛子坳高地。由于日军再次组织进攻，独九旅不敢再战，撤离惠州。5月11日，日军遂第二次侵占惠州城。

此次沦陷，惠州市民多事先逃避乡间，日军入城一无所获，遂到各乡搜劫，在藻瀛村屠杀居民及城中逃难者400多人。日军在5月10日撤退，当天拂晓，日军出动数百人，各携燃火工具分别在水东路、塘下、打石街（中山西）、万石路（中山南）的商店民房，以鸣炮为号，一齐放火焚烧商店民房。第一炮响后，顿时，各处火烟冲天。鸣第二炮，日军开始撤退，此时县、府两城已成火海，市区已成废墟，焚毁房屋达80%。此外，西湖周围的名胜古迹，如栖掸寺、水褐寺、元妙观等，亦遭焚烧。

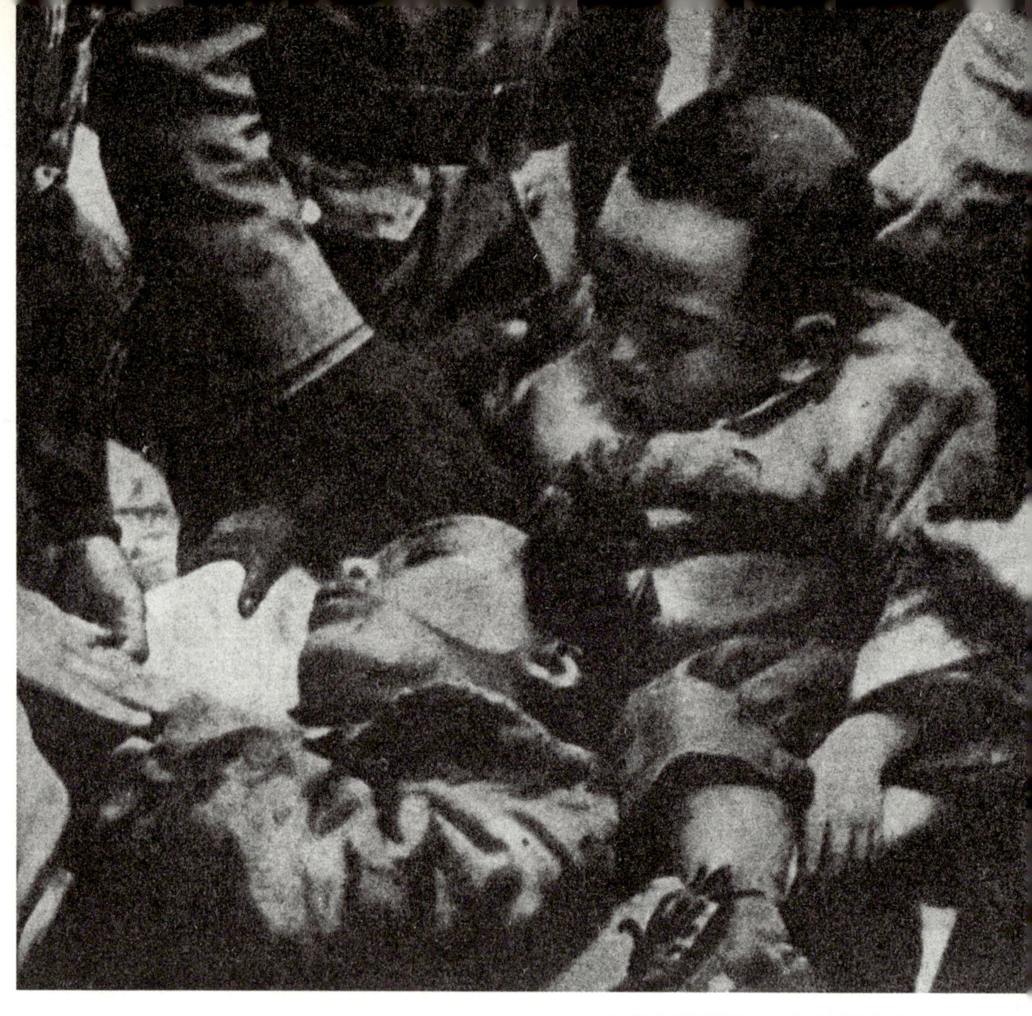

被日机炸死的妇女，旁边是她的孩子

1941年12月，日军侵占香港之后，获悉香港居民陆续向惠州一线转移，独九旅也重新集结于惠州、博罗一带。于是，日军策划第三次进犯惠州。1942年2月初，日军酒井部中川联队在数十架飞机的配合下，向惠州进犯。适逢国民党广东省政府主席李汉魂来惠阳前线视察，准备在惠州逗留一两天就到海、陆、丰去。3日晚上，李汉魂在惠州县城县立第一小学礼堂召集惠州地区党政军学各界人士开会。在李讲话时，一位上校团长匆忙向李汉魂报告；“倾接前方电话，敌军已抵达东岸，桥头发现敌踪。”接着该团长拿出地图指出敌军与惠州的距离，李汉魂听后继续讲了20分钟的话即宣布散会，当时已是深夜11点。离场前，四专署保安司令部主任参谋提高嗓子对大家说，各单位立即离开惠州，必须在明晨8点钟前越过平山镇。

2月4日，日军大队由东岸桥头转入惠州城西郊半径乡附近。布防在飞鹅岭及挂榜山的独九旅一个团，待日军进至半径乡牛峡坳的小路时，即开炮轰击，开枪扫射，日军联队长被击毙。日军老羞成怒，派飞机掩护大队日军进犯，日军登挂榜山，独九旅即退兵，日军遂进占惠州。

日军入城后，进行报复，奸淫掳掠，杀人放火，无恶不作。日军见中国人便屠杀，连白发老人、占卜算命盲人也不放过。“屠杀三日，尸骸遍地，血水满城；尸体最多者，在淡水码头晒布场，水门仔各处，计约千人之多，大多数被砍去头颅。”全城数千居民惨遭杀害。水门沙下、埔头、五眼桥、礼门义路及叶屋巷口、南津牛颈岭等地成了日军集体屠杀市民的场所。只埔头一处即惨杀100余人；礼门义路及叶屋巷口杀100余人；南津牛颈岭杀死300多人：在五眼桥河边被活埋的有几十人；而用汽车运出郊外惨杀的不计其数，估算这次遭杀害的人数达3000人，残酷的大屠杀达3天之久，日军始退出惠州。

日本侵略者运用强暴的政治力量和军事力量，在中国开办掠夺性的工商企业，使我国民族工商业受到严重打击

3. “以华治华”

1945年1月，日军进攻粤北，同时重占沿海地区，以配合粤北战争，并拟巩固沿海基地，应付美军登陆，东江日军即分两路夺取惠（阳）博（罗）；另一路在飞机掩护下，从大亚湾、澳头再次登陆，配合深圳进犯之军。

1月14日，日军发动进攻，第四次侵占惠州。由于惠州市民经过前三次沦陷的残害，大多数居民都预先逃往后乡间或山区，所以损失不大。日军入城后，采用“以华治华”的政策，事先组织好伪军汉奸，一齐进城，随即组织以汉奸何彬如为首的维持会，派出伪县长，设立机构，除发动各商店复业外，并同奸商往内地经营黄金、粮食生意，从中牟利。同时开设防务公司（即赌博公司）、禁烟局（即鸦片烟馆）、彩票公司、出入口货物附加征收处以及妓院等增加税收，企图用这些手段挽救其经济的严重危机。日军非常害怕抗日游击队，经常利用汉奸为耳目，到处抓人，每获青年，刑讯残酷，指为游击队，肆意屠杀，企图以此扑灭人民抗日烈火。

日军四次侵陷惠州，据不完全统计，屠杀群众5000人以上，抢掠财产不计其数。

八

烈火余生：
潘家峪惨案

“必须将潘家峪村庄团团围住，不让他们有一个逃跑，倘有逃跑的，许可立即开始射杀……”

潘家峪位于河北省唐山市丰润县县城东北30公里处，坐落在燕山山脉腰带山东麓。潘家峪村始建于明朝水乐二年（1404年），世代繁衍，兴旺发达。抗日战争爆发前，这里已有220户人家，1700人。这里群山环抱，溪水长流，满山松青柏翠，坡地果木成林，庭院葡萄满架，被称为“小吐鲁番”。就是在潘家峪这个美丽富饶的山村，1941年1月25日（农历腊月二十八），丰润、遵化、玉田、迁安、卢龙、滦县、唐山等地3000余日伪军，由日军驻唐山守备队指挥官佐佐木高桑亲自指挥，进行了一次有预谋、有计划的大屠杀，杀戮我爱国同胞达1230人，烧毁房屋1100间，制造了一起惨绝人寰的大惨案，史称“潘家峪惨案”。

1. 磨刀霍霍

抗日战争爆发后，抗日烽火在冀东地区迅速燃烧起来。1938年7月，在中国共产党领导下，冀东民众举行了抗日大暴动，潘家峪有30多名青壮年参加了这次大暴动。此后，全村人民在极其艰苦的条件下积极坚持抗日。八路军后方机关和部队经常在这里休整，成为冀东地区丰（润）、滦（县）、迁（安）联合抗日民主政权的主要活动基地。据当年村办事员潘鹤皋的日记中记载：“从1938年夏到1940年底的二三年期间里，敌人（日伪军）前后曾来围攻130多次，然而潘家峪人民始终顽强坚持斗争，先后配合游击队对敌进行大小战斗50多次。”日军为扑灭冀东抗日爱国斗争烈火，在潘家峪周围建立了许多据点，普遍设立保甲组织，造“户口册”，发“良民证”，订“门牌”，实行“五家连坐”，但这些都遭到潘家峪人民公开抵制，他们把王官营伪警所发来的门牌、户口册、“良民证”全部烧掉。敌据点经常向村征粮、征款、要柴，潘家峪拒绝交一粒粮、一分钱、一根柴。当时日伪人员一提起潘家峪就谈虎色变、胆战心惊，遂引起日本侵略者对潘家峪的极端仇视。

↗ 潘家峪惨案纪念馆的钟塔高18米，寓意“警钟长鸣”。

→ 潘家峪惨案纪念馆

于是日伪军不断疯狂的对潘家峪“扫荡”、“清乡”，对此，潘家峪人民一直保持着很高的警惕，全村群众包括老弱妇孺，经常不在家，夜间住在山上，白天回来种地。

1941年的春节前夕，由于处于严冬季节，人们居住在山上和外村，生活上困难越来越大，又要快过大年了，人们盼望回村过个团圆年，于是大家抱着侥幸心理，纷纷回村准备过年。当他们看到日军毫无动静，就误以为不会发生什么事情，没有听从党组织的劝阻，大部分群众转回家园。善良的潘家峪人民，哪里知道万恶的日本强盗，正在预谋一场狠毒、血腥的大规模屠杀。

大屠杀的命令是日军驻唐山指挥部下达的。接到命令后，1941年1月24日下午，日军驻伪丰润县顾问佐佐木二郎在伪县长凌以忠办公室召开了部署血洗潘家峪的会议。会议开始时，先由佐佐木传达日本军部命令，他说，这次到潘家峪，一个是打八路军，一个是惩罚老百姓，

“必须将潘家峪村庄团团围住，不让他们有一个逃跑，倘有逃跑的，许可立即开始射杀……”

随后，伪县长凌以忠发言，表示完全接受日本军部的命令，要求到会的人，凡是县署系统的，除陆心谭秘书留在县城里办公以外，都应当随军同往。当天下午六七点钟，日本军部发令，命令藁城周边地区的日伪军立即向潘家峪开拔。

2. 杀气腾腾

1941年1月25日（农历腊月二十八）拂晓，来自唐山、丰润、滦县、迁安、卢龙、遵化等据点的3000多名日伪军，从东北、西北、东南、西南，把潘家峪包围得严严实实。此时潘家峪乡亲们正在睡梦中。早上七八点钟光景，日本鬼子枪上膛、刀出鞘，杀气腾腾闯进村来。他们挨门挨户地搜查、抓人，砸门声、吼叫声、咒骂声响成一片，敌人把没逃出去的1400多人逼向村西大坑。鬼子端着刺刀一连在庄

图为冀东潘家峪惨案现场一角

里搜了三遍，老弱病残不能走路的，就当场杀死。日本兵看到潘风柱的母亲70多岁走不了路，就一棒将其打死。潘瑞德的老母亲被鬼子一战刀砍成两段，肠子迸流一地，潘忠元的祖父80多岁，双目失明不能走动，四个日本兵把他架到院外，四把刺刀一齐刺向老人。潘树弟的祖母90多岁，拄着拐杖蹒跚地挨到门边，日本兵在她的胸腹上一连刺了9刀。有一个不满两岁的孩子，也被刺死了。

西大坑在村中偏西的地方，长约百尺，宽三十尺，不足一人深，周围是一人高的石坝，坑里是厚厚一层冰雪。当太阳升到东山坡的时候，最后一批人被赶来

挨冻受饿的孩子

了，被逼进西大坑里。大坑边架着机枪，四周站满了荷枪实弹的日本兵，乌黑的枪口，雪亮的刺刀，一齐对着扶老携幼的人群。当时的气氛十分紧张，人们紧紧地靠在一起，表现得异乎寻常的镇定。在这零下二十七八度的严冬，寒冷是可想而知的。忽然一个小孩冻得要哭，他的母亲赶紧解开怀，把奶头塞进孩子嘴里，不让他在鬼子面前哭出声来。

这时候一个约40来岁的日本鬼子军官来到人们面前。他满脸络腮胡子，呲着金牙，腰挎一把兰穗战刀，这就是被冀东人民骂为“火神鬼”的佐佐木高桑。他对人们讲了一阵“中日亲善”、“王道乐土”、“共存共荣”的鬼话后，就逼问人们“八路军的东西藏在哪儿？”、“不说统统死啦死啦的。”可是任凭敌人怎样发问，人们一言不发，佐佐木兽性大发，“噌”一声拔出战刀，络腮胡子竖了起来，像一只恶狼。他一边在水坑周围的土坎上走来走去，一边逼问人们，人们谁也不回答，没有一个人说话。他们明明知道村里没有八路军，不过是寻衅进行屠杀。

老牌铁杆汉奸凌以忠见主子下不了台，摇头摆尾地讨好说：“太君息怒，小人来问。”尽管他怎么问，人们回答他的只是一阵嗤鼻声、吐痰声和鄙视的目光。

敌人从西大坑被围的人群中挑出了年轻姑娘、媳妇和一些男人去大坑西沿几户人家给日军做饭。饭做熟了,残暴的鬼子却把妇女推下白薯窖奸污,做饭的男人也被杀死在村西场地上。尔后,纵火焚烧了他们的尸体。

与此同时,日本杀人魔王正在布置更大的杀人场。据一个当时随日军担任现场翻译的董蓬林,在战后交代说:“进入潘家峪村,到村西街大泡子,村民正在向这里集中。顾问看这里周围警备不便,让我告诉特务另找地点。经回报,坑东南坎有个大院可以容得下,就决定迁到那里,把村民都赶到大院。”

这个大院就是地主潘惠林的宅院,分东、中、西三院,前后三层房,四周有一丈多高的院墙。日伪军和特务把村里秫秸、茅草、松树枝抱进大院,在院子里铺了很厚一层,然后浇上煤油。大院南墙外支起木梯,上面站满了荷枪实弹的日本兵,土墩和平房顶上也架起机枪。

3. 烈火冤魂

大约10点钟左右,杀人场布置停当。日本兵拳打脚踢驱赶人们进入潘家大院。从西大坑到潘家大院有100公尺距离,沿途刀枪林立,日本兵一个挨一个排成一条刺刀胡同,大院门口密布着手端机枪、步枪的兽兵。人们从刺刀林中穿过,这种森严恐怖的气氛,孩子们哪儿见过呢!有一个小女孩吓坏了,一边哭,一边后退。佐佐木一步抢上去,“喀嚓”一刀,孩子被砍倒了。他的爷爷见心爱的孩子被杀,向佐佐木猛扑过去,一个手端刺刀的日本兵跨上一步,又将老汉刺死。人们再也沉默不住了,1000多人一齐怒视着,挥舞着拳头与敌人展开了生死搏斗,手无寸铁的人们,哪能抵挡住这些全副武装的法西斯强盗?一部分人当场被害,大部分被赶进潘家大院,只有少数人冲了出去。人们进院后立刻意识到是怎么回事了,走在后面的一个犹豫不定不想进门,便被日本兵刺死。

人们被赶进院子以后,日军机枪队长佐佐木便站到凳子上哇啦哇啦地嚷叫,翻译在一旁翻译:“你们这里,老百姓统统地通八路,今天统统地死啦……”接着,伪县长凌以忠站到院南边的大石头上说:“今天皇军来,是你们自己惹来

←被日军焚烧杀害的潘家峪村民

↑潘家峪惨案中被杀害的儿童

的祸，因为你们一贯地通八路，与皇军作对。”说完便鱼贯出院。“嘎”的一声，院大门关上了。

人们揣摩到大难临头，开始骚动，有三个人往外跑，被开枪打死。又有十多个青年从人群中挤出来，想冲出大门，还没到院门口，就被把守在那里的日军用刺刀刺杀。这时，群情激愤，有的喊，有的骂。立时，日军一窝蜂似的冲进来，照准人们的脑袋就砍，对着胸膛就刺。有几位老年人挺身而出，想唤回日军泯灭了的人性，要日军放过妇道人家和孩子们。残忍的强盗手起刀落，砍下了他们的头颅，鲜血从躯体中直喷出来。东院二门外的日本兵点燃了洒过煤油的柴草，乡亲们脱下棉衣扑打火焰。子弹像冰雹般袭来，手无寸铁的人们被浓烟烈火和枪弹吞没。

敌人野蛮残酷的屠杀，激起了人们不屈的反抗。村粮秣委员潘辅庭见此情景，大声喊道："快去开门！"于是，一群青壮年冲向院大门。守在门口的日军见他们冲过来，急忙用机枪扫射。冲在前面的人倒了下去，后面的拥上来又倒下，又拥上来……50多岁的潘国生，甩掉着火的棉衣，大吼一声："没死的跟我来，和狗日的拼了！"冒着弹雨冲向日军，负伤倒下，又挣扎着起来，扑向日军，从日军手里夺下机枪，猛力朝日军砸去。一群日军扑了上来，潘国生壮烈牺牲。潘树密的母亲50多岁了，和一群妇女冲到东院藤萝架下，见一枚手榴弹滚落过来，她猛地推开身旁的妇女，抓起冒烟的手榴弹扔向日军。潘瑞玲的妻子和一群妇女被逼进中院的门房，见日军点着柴草，就支起窗户往外冲，前边的人刚迈过窗台，就被日军刺杀了。后面的人抱起着了火的秫秸，继续往窗外冲，吓得院内的日军急忙躲闪。他们中的一些人翻过院墙跑进了东院。

人们东冲西突，寻找生路。

潘国奎等十多个人冲到东院，冒着密集的枪弹，拆开用砖垒死的东院北门，冲出大院，刚跨进道北对面人家的门槛，端着刺刀的日军追赶过来，人们急忙关门，日军的刺刀穿进铁皮门扇，刺刀一时拔不出来，这几个人逃脱了。日军刺刀戳穿的那扇铁门至今尚存。

潘辅庭、潘老太太等30来人拥进了东院的粮仓。人们用粮食缸等重物顶住屋门，抄起板斧、耙子、秤杆、秤砣准备同日军拼个你死我活。幸得这间屋和其他房屋不相连，房是泥顶，窗户又用土坯封着，日军在宅院放火，唯独此屋幸存。日伪军撤离潘家峪以后，屋内的人被邻村前来营救的乡亲救出。

有个十来岁的小男孩，冲到西院，被大人拉上猪圈棚顶，当他见大火吞噬着自己的亲人，跳着脚怒骂日军。他虽侥幸逃出大院，但天快黑时，又被日军抓住残杀了。

为躲避枪弹，有50多名乡亲挤进牲口棚里。大火将牲口棚烧落了架，人们被埋压在底下，全部身亡。

西院柴草房宅屋之间的夹道里有200多人，全被日军枪杀。由于地狭人稠，死后多数人还都站立在那里。

→潘家峪惨案中被杀害的老人

日军为把潘家峪人民斩尽杀绝，轮番枪杀、刀砍、放火焚烧之后，又从尸堆里搜索尚未死去的人。

88岁的潘春元、63岁的潘刘氏、33岁的潘张氏等6人，就在奄奄一息时，被日军用枪杀害。

日军发现东墙根人尸堆里有人没死，便往人尸堆扔手榴弹，炸得尸肉横飞。

日军撤离宅院时，又在院内遍洒煤油，施放硫磺弹，大火腾空而起。有的人没死，在尸堆底下压着，日军搜索时也没发现他们，此时，由于忍受不了烈火的烧身，忙从尸体下爬出，跳进院内一口五丈多深的井里。

日军离开宅院后，又在院外、村内外进行搜索。天将黑时，从村外南坡又搜出32人。大部分是孩子和妇女，日军强迫他们去潘家大院。走到南崖上，面对院中的大火，人们宁死也不肯再向前迈步，日军即在南崖上杀害了他们，又用刺刀将尸体挑下石崖，架盖松枝、干草，洒上煤油，点火焚尸。崖下33具尸体最后只剩下一堆炭状的骨头。渗进崖壁的血渍，直到十多年后还斑斑可见。

大屠杀过后，日军又在全村纵火，潘家峪近千间房子，立时被烧光。浓烟里窜动着火舌，硝烟和血腥味弥漫着整个山川，美丽富饶的山村，顿时变成焦土。到处是坍塌的房屋、破墙、瓦砾、草灰、焦炭。野坡上没有拾草的孩子，也没有一群群的牛羊，再也看不到村中袅袅的炊烟，只留下一片瓦砾场，几堵残垣断壁上还残存着“庆祝中日满和平”、“建设东亚新秩序”。

这场血腥大屠杀，潘家峪1230名平民百姓惨遭杀害。被圈进杀人场而得以逃生的(包括受伤者)仅有276人。惨案发生后不久，八路军总政前线记者、《晋察

潘家峪复仇团使用过的
大刀和手榴弹

潘家峪惨案纪念馆鸟瞰

冀日报》特约记者雷烨同志随同当地政府领导人丁振军、赵尚金、吴玉山等同志来到潘家峪，慰问在惨案中遇难受伤的乡亲。1月31日午后，他们进入潘家峪大惨案现场。雷烨同志在惨杀现场拍下了多幅照片，并以笔名朱靖写了一篇《冀东潘家峪大惨案》的通讯报道，登在1942年4月9日的《晋察冀日报》上。

得知日军在潘家峪的暴行后，当地民众义愤填膺，纷纷发誓要同敌人血战到底，为死难的亲人报仇雪恨。1941年农历三月初，潘树平、潘树成、潘树堂、刘贺、潘树太、潘景龙等7名青年带头成立了复仇青年小队。后来，潘家峪村和邻村青年纷纷参加，队伍很快发展到120多人。五月初五，李运昌、周文彬、刘诚光、高敬之同志到潘家峪，并在火石营村召开军民大会。会上，军分区政治部主任刘诚光宣布“潘家峪复仇团”成立。第一任连长是潘化民，脱产随十二团活动。1942年8月，复仇团编入了正规部队——冀东军分区十二团(为该团二连)。这支复仇的队伍，在冀东军分区的领导下，用大刀和手榴弹等简陋的武器同日、伪军进行斗争，配合八路军主力作战，在丰润、滦县、迁安一带不断给日军以沉重打击，夺取了一个又一个的战斗胜利。在1941年夏季反“扫荡”斗争中，潘家峪复仇团积极开展游击战争。11月14日，在遵化四十里铺一举歼灭伪治安军第六团部，毙伤伪军400多人。26日，又袭击遵化东面双城子修建据点的伪治安军第五团一部，毙伤伪军260余人。1942年6月，参加了著名的“甘河槽伏击战”，当场打死了潘家峪惨案的罪魁祸首、杀人魔王日本顾问佐佐木二郎，为潘家峪人民报了血海深仇。从复仇团成立到抗战胜利，四年多的时间里，同日伪军进行大小战斗150多次，歼灭、俘虏日伪军1021人，实现了为乡亲们复仇和争取民族解放的誓愿。

为了缅怀和纪念死难的潘家峪同胞，当地政府先后重修了4座坟墓，立墓碑4座，建纪念塔、纪念碑、祠堂、纪念馆各一个。其中纪念碑碑文是这样写的：

万古遗恨

群山环抱、溪水长流中间，有广阔平地，宜于五谷，山坡有无数果园，特产葡萄。在这天然胜境中的村庄，就是潘家峪。村中居民二百二十户，男女一千七百口，男耕女织，一向勤劳生产，安居乐业，真是和平气象。自从日寇侵华，群众本爱国热情，大批参加抗日战争，致使日寇与我为仇，几次围攻都被我们粉碎计划。不幸，在一九四一年一月间，正是旧历腊月二十八日，是旧年节前一天，日寇趁着群众回家过年，突然围庄，男女老幼被赶出村西街头大坑里。这时，敌人在宽阔大院里铺满了干柴，由大坑里把群众赶入大院，惨无人道的敌人用火焚烧，开枪扫射。当时，火光冲天，哭声震地，虽有向外冲者，也都英勇死于枪弹之下。敌人去后，村民有先远避得生者回视，只见尸横遍地，血流成渠，被烧杀者须发不存，难视亲疏尊卑，手足成灰面不全，有的只剩肠胃一堆，有的竟是焦炭一块，有的孕妇腹崩流出胎儿，残害情形，令人落泪。总计死者一千三百三十名。幸得邻村热情资助，辨别男女尸身，用芦席裹尸，合葬四座坟墓。由南径北，男二座，女一座，小孩一座。这一惨案发生后，潘家峪的人民把仇恨变成力量，同时，被残杀后剩余的青壮年组织复仇团，一直拿起武器，血债一定要日寇用血来还。日寇投降后，美帝重新武装日本。这时，我们不但仇视美帝，而且决不能使日本鬼子再来屠杀中国人民。潘家峪人民组织起来，坚决反对外国帝国主义对中国的侵略。一九五一年，全国展开抗美援朝运动，唐山市政府同志们捐资合筑祠堂，并建塔立碑表示追悼，谨铭此碑。

公元一九五二年七月五日立

九

陪都血难：

重庆大隧道惨案

抗日战争全面爆发后，由于南京、武汉相继陷落，重庆于是成为国民政府的战时首都。为了摧毁中国的抗战意志和决心，促使国民党政府屈服投降，日军从1938年10月开始，对重庆进行了空前野蛮的轰炸。

抗日战争全面爆发后，由于南京、武汉相继陷落，重庆于是成为国民政府的战时首都。为了摧毁中国的抗战意志和决心，促使国民党政府屈服投降，日军从1938年10月开始，对重庆进行了空前野蛮的轰炸，

到1943年8月，日机共空袭重庆达218次，出动飞机9513架次，投弹21593枚。在日机的疯狂轰炸下，重庆人民伤亡惨重。其中1941年6月5日晚上的防空大隧道惨案，窒息致死市民2000多人，是日机轰炸过程中大后方发生的最惨痛的事件之一。

1. “地毯式”轰炸

重庆成为国民政府的战时首都以后，便经常会有日军飞机来袭击，对市区往往是“地毯式”轰炸。为了躲避日军的频繁空袭，重庆市区内建立了各种防空洞，有私人的，也有公用的。其中位于十八梯附近的防空大隧道是当时重庆市内比较大的公用防空洞。它深入地下约10米左右，长约两公里，有三个道口出入，隧道内宽、高均约两米多，两旁设有木板钉成的长凳，为了照明，每隔三四十米

日机用飞机轰炸重庆

→重庆一个被炸伤的母亲，孩子还在天真地吃奶

↘ 一九三九年重庆被炸后的街道

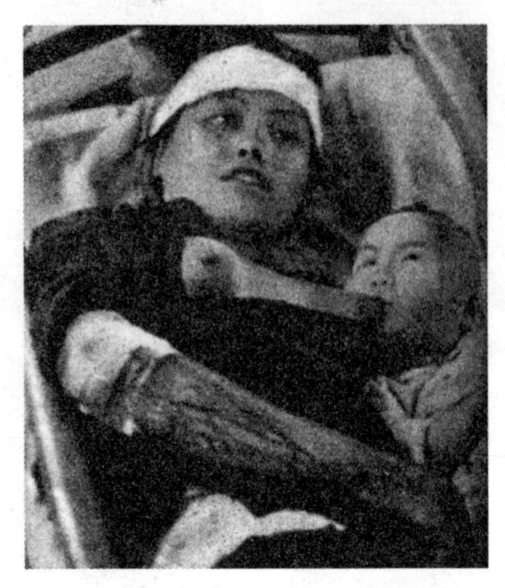

有一盏油灯。这里条件极其简陋，没有任何通风、防火、防毒设施，是普通市民躲避日军空袭的主要场所。

1941年6月5日下午6时左右，雨后初晴，当重庆的市民们正准备吃饭乘凉时，突然空袭警报长鸣。得知日军的飞机要来空袭，人们携带行包，纷纷涌向防空隧道的入口。由于袭击突然，疏散来不及，因此，防空隧道内聚集的人特别多，显得十分拥挤。除了两旁的板凳上坐满了人以外，连过道上也站满了人群。洞内空气异常浊闷。

2. 隧道血难

晚上9点钟左右，日军飞机进入市区上空，开始狂轰滥炸，霎时间爆炸声此起彼伏，繁华市区顿成废墟。由于人多空间小，再加上洞口紧闭，洞内氧气缺少，人们开始觉得呼吸不畅，浑身发软。地面上日机的轰炸仍在继续，而洞内的氧气越来越少，连隧道墙壁上的油灯也逐渐微弱下来，这时婴儿和孩童们终于忍受不住了，大声啼哭起来，气氛顿时紧张，有些人开始烦躁不安，举止反常。生还者朱更桃回忆当时情景说：“在洞内，起初只觉得头脑发闷，大汗淋漓，渐渐身体疲软，呼吸困难，似乎淹在热水当中，脚下温度异常之高。左右的人都不由自主地把自己的衣裤撕碎，好像精神失常一般。”生还者何顺征对当时的感觉也记忆犹新，说：“开始感觉热得慌，心脏似欲下坠，如患急病，很想喝冷水。往外走，竟有人拉着，不能举步，黑暗中有人拉我的手乱咬，手和背到处受伤，衣服也被撕破了。”更有甚者，有些人完全失去了理智，如有一老妇人，将自己的头和脸碰烂，

披头散发，大哭大叫，很是吓人。

随着二氧化碳增多，洞内部分油灯已经由于缺氧而熄灭，人群骚动得更加厉害了。面临死亡，沉默的人们再也按捺不住性子了，开始拼命往洞口拥挤。由于洞门是向外关闭的，因此，人群越往洞口挤，门越是打不开。守在洞外面的防护团员只知道日机空袭时，禁止市民走出防空隧道，而对洞内所发生的危险情况一无所知。洞内的人发疯似的往外挤，人们喊着哭着往外冲，可是门依然紧闭着，无法打开。洞内的氧气在不断减少，洞内人群的情绪更加急躁，他们拥挤在一起，互相践踏，前面的人纷纷倒下，有的窒息死亡，而后面的人浑然不知，继续踩着尸体堆往外挤，惨案就这样发生了。

听见嘈杂声，洞口的防护团团员把洞门劈开，霎时间，洞内的人群如同破堤的河流一样冲出洞门，一部人因此而得以生还。郭伟波老人是冲出洞外的少数人之一，回忆当时的情景和感受，他说："后来，木栅不知怎样打开的，守在外面阶梯上的防护团也跑掉了。人流穿过闸门，犹如江河破堤，拼着全力往隧道口上冲。我和两位同学因年轻力壮，用尽力气随着人流挤出木栅，昏头昏脑地上了阶梯，终于来到地面上。当时我到底是凌空？是滚爬？还是被人流夹住推出来的？实在是闹不清楚。只觉得一出洞口呼吸到新鲜空气，浑身都感到凉爽、舒畅，瞬即又迷惘、恍惚，似睡非睡、似醒非醒地躺下了。我那时没有手表，昏睡了大约半个小时又苏醒过来，只听见隧道里传来震耳的呼喊和惨叫声。我从地上爬起来一看，自己躺的位置离隧道口约30米，周围有100来人，有的正在苏醒，有的呆呆地站着，然而，再也不见有人从隧道口里走出来。我低头一看，自己的上衣已经

被扯破，钮扣大部失落，帽子丢掉了，肩上挎包所装的信件、相片、日记本也全部不见了。东西是损坏、丢掉了，但我总算挣脱了死神，回到了人间。”

日军的空袭还在继续，飞机呼啸着从空中冲过，扔下无数的炸弹和燃烧弹，地面顿时一片火海。此时此刻，洞内的人群也顾不上那么多了，还在奋力挣扎着往外挤。他们面色红胀，双手挥舞着，拼命狂叫，但是一切都无济于事，身体依然原地不动，一个个生命就这样被耗尽了。经过四个多小时的折磨、挣扎，将近午夜时分，洞内凄厉的惨叫声逐渐减弱，“很多人躺在地上，气息奄奄，面色由红色变成紫蓝色，口角的唾沫由白变红渗着血丝，不少人已无声地扑伏到别人身上。”在与死神斗争的过程中，有的人还喊着“打倒日本帝国主义！打倒日本帝国主义！”挣扎死去。

空袭持续了将近5个小时，当日军的飞机离开陪都重庆时，防空大隧道已是死一般的沉寂，听不见活人的声音。

到处都是死难者的尸体。其凄惨情状正如当时重庆市市长吴国桢所说：“洞内之(难民)手持足压，团挤在一堆。前排脚下之人多已死去，牢握站立之人，解之不能，拖之不动，其后层层排压，有已昏者，有已死者，有呻吟呼号而不能动者，伤心惨目，令人不可卒睹。”很多死者都是挣扎到生命的最后一刻才含恨离开人世的。他们有的面部扭曲，手指抓地，有的仰面朝天，双手垂地，有的皮肤抓破，遍体鳞伤，十分悲惨。

6日凌晨，防空警报解除后，国民政府当局开始组织人处理善后事宜。从隧道内拖出的遇难者尸体成垛成垛地放在洞口，用卡车运了十几趟。惨案后登记尸体总数达8400多人，据事后考证，真实死亡人数有2000多人。这种因日军空袭造成的惨案真是让人痛心和愤恨。

重庆大隧道十八梯洞口今貌

十

窒息记忆：

北疃毒杀惨案

他们按照叛徒提供的图纸，找到几处洞口，将随身携带的高浓度窒息性毒气点燃后投放到洞里，同时将茅草点燃，往洞里投，洞口盖上棉被，使毒气向洞内各处流荡。

北疃位于河北省定县城东南60里，北靠沙河，有200多户人家，是定南抗日根据地的中心地带，分区和县领导机关经常在这里驻防。这个村的民兵，十分英勇善战，在人民群众帮助下，不仅屡次打退日军的进攻，使敌人遭受重大伤亡，而且还建造了联村地道，东面可与西城、东城相通，南面可与南疃、东湖地道相连。因此，在日军看来，北疃村是眼中钉、肉中刺，不去不快。为了报复北疃人民的抵抗，1942年5月27日，日伪军共2000余人，围袭北疃村，并不顾国际公法，对我钻入地道躲避的平民百姓和部分县大队武装人员，施放毒气，兼之以枪杀、刺杀、砍杀、烧杀，共残杀我国同胞800余人，这就是震惊华北的“北疃毒杀惨案”。

1. 地道战显神威

1942年4月初，侵华日军华北方面军总司令冈村宁茨召集华北日军联队长以上的军官在石家庄开会，部署对冀中根据地的“扫荡”相关适宜。从5月1日起，在冈村宁茨指挥下，日军以三个师团、两个旅团及五万伪军共约10万人，并配备了飞机、坦克，开始对我冀中根据地进行疯狂扫荡，重兵压境的日军，在冀中8000多个村庄，6000多平方公里的土地上，建立了1700多个据点，修筑了7500多公里的公路，挖了4000多公里的封锁沟，可谓三里一沟、五里一堡。面对强敌，中共冀中区党委把冀中根据地的党政军领导机关由三四千人减到近2000人，并将大兵团化整为零，组成机动灵活的小战斗队，号召和依靠群众，避实就虚，声东击西，和敌人周旋。其中，北疃村是这方面典型。5月中旬，北疃群众武装和县武装游击队，曾多次打退李亲古和邵村据点敌人的进攻，歼灭不少日伪军，使敌人遭受重创。

北疃久攻不下，日军就千方百计企图摧毁冀中平原上这一抗日堡垒。5月26日夜，日军一一〇师团驻保定的第一六三联队500余人，在联队长上坂胜率领下，连同定县、安国的伪军，共2000多人，像野兽般向北疃扑来。就在日军进攻的

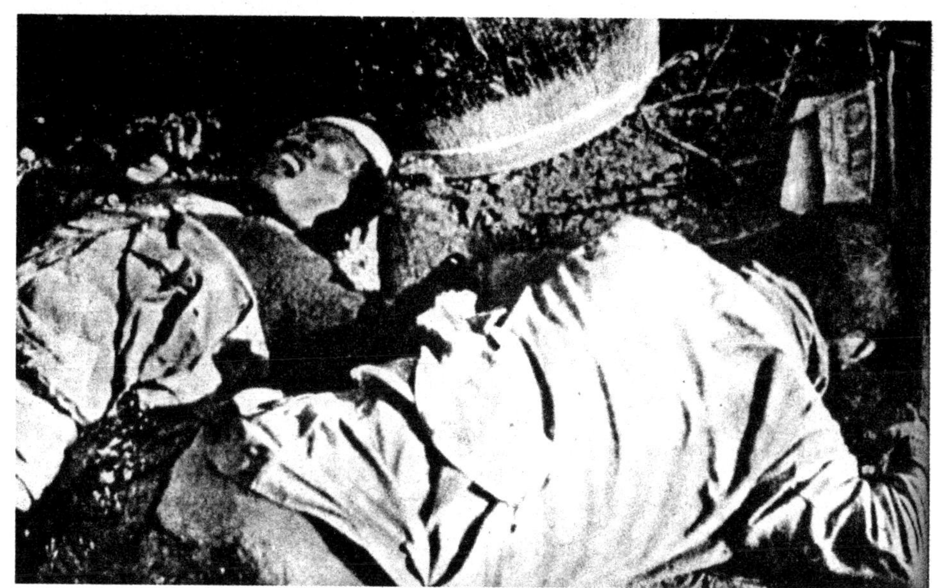

被日军毒死的我国同胞

前一夜，县大队政委赵树光召集民兵和县大队战士做了战斗部署。5月27日清晨6点多钟，日伪军包围了南、北疃之后，即开始进行火力侦察，同时，根据叛徒提供的我地道图纸，堵塞了我南、北疃村地道出口，以防止我抗日军民从地道内向外突围撤退。火力侦察过后，敌人即从三个方面开始向村子攻击：一是从村东北口，二是从村东南口，三是从村正东进攻。

鬼子在东北口用猛烈炮火向村内轰击，霎时间，小钢炮、掷弹筒、迫击炮雨点般的倾泻过来，阵地上顿时硝烟滚滚，一片火海。但严阵以待的我方战士和民兵并不急于还击，而是在村口的围墙里、地堡里严阵待命。鬼子见村里不还击，一个指挥官举起指挥刀，挥动指挥旗，命令鬼子冲锋，当鬼子冲到我部队和民兵跟前时，战士们机枪、步枪火力齐发，手榴弹、地雷在鬼子群里炸开了。炸得鬼子滚的滚、爬的爬，倒下一片。举刀的指挥官也被我神枪手狄四根击毙。敌人不甘心，又连续发起了三次冲锋，均被我英勇的战士击退。

敌人屡攻不克，气急败坏的联队长上坂胜决定亲自指挥敢死队冲锋。鬼子敢死队端着明晃晃的刺刀，在炮火掩护下，“呀！呀！”地冲上来，很快又被战士们

打退，阵地上留下一片日军的尸体。整整一上午，打退了敌人12次冲锋。

下午，敌人调整部署，主攻方向改为南疃和北疃村之间的群众武装阵地。经过长时间激战，由于敌强我弱，火力悬殊甚大，最后鬼子还是进了村。面对残忍的鬼子，群众和干部们异常镇静，谁也不屈服。分区卫生干部宋守仁，定县农会干部李庚申，被敌人的军犬咬得遍体鳞伤，血如泉涌，他们在高呼“打倒日本帝国主义”的口号中壮烈牺牲。分区供给部已怀孕的女干部刘亚如和八路军在北疃养病的一名伤员，面对敌人的刺刀，挺起胸膛，坚贞不屈，凛然殉难。

敌人进村后，我县大队战士和民兵仍坚持巷战，一直和鬼子战斗到傍晚。由于鬼子封锁了东半街，街上房上站满了鬼子，已经没有可回旋的空地。在这种情况下，部队和民兵被迫从中平街李洛节家下了地道。此时，地道里早已挤满了避难的人群，大约有八九百人。

2. 毒气滚滚

鬼子见人们都进入了地道，便想出使用毒气的狠毒办法。

他们按照叛徒提供的图纸，找到几处洞口，将随身携带的高浓度窒息性毒气点燃后投放到洞里，同时将茅草点燃，往洞里投，洞口盖上棉被，使毒气向洞内各处流荡。

←日军在实验毒气弹

→日军在释放毒气

←1942年日军在冀中地区用毒气弹杀死的中国儿童
↑被日军残害的无辜百姓的尸体

不多时,洞内各处便充满了毒气。当嗅到有辣椒味、火药味和甜味的气体时,人们只觉得呛鼻子,后来便流泪、打喷嚏、呼吸窒息和流青色鼻涕。

县武委会作战部长张健、秘书刘西峰和北疃青年抗日先锋队队长李德祥,意识到敌人释放毒气,便钻出地道,利用房屋和敌人继续作战。他们三人控制着一所房屋,同敌人对峙。这时,三区小队马队长和北疃游击组长李孟申,也从地道口出来。他们两人脱去上衣,光着膀子,上好刺刀,跳进院内,同成群的鬼子拼起刺刀来,敌人猝不及防,连着被刺倒好几个,但终因寡不敌众,马、李二人英勇牺牲。接着敌人向屋里冲来。李德祥手持擀面杖和菜刀,掩护张健、刘西峰二人进入地道。然后把刘西峰的文件包、公章扔进炕洞里,才沉着地进入地道。地道里的毒气浓度很大,呛得他们嗓子发痒,呼吸窒息。张健拖着软弱无力的身子向前爬行，爬了一段，终于爬不动了。他拉着李德祥的手说："德祥，你走吧！我不行了，不要管我了！"说着嘴对枪口，右手扣动扳机，壮烈牺牲。民兵刘铁洲，受不了毒气折磨，见敌人挖开了个洞口，随即拿起一把杀猪刀冲出来，和敌人拼杀，英勇战死。李德祥的父亲李大爷，也从地道里冲出来，拿起一把粪叉对乡亲们说："老少爷们，我们是中国人，绝不做亡国奴！我们要活得正气，死得壮烈！"随即拿起粪叉冲向敌人，壮烈牺牲。

地道里的毒气越来越浓，人们中毒越来越重，全身发烧，都紧靠洞壁取凉。

不久，洞内的人声便越来越弱，人们一批批在极痛苦的挣扎之中窒息而死。有的人头钻地而死，有的撕烂自己的衣服顶着洞壁而死，有的紧搂着孩子死去，死状之惨，目不忍睹。

北疃村王牛儿，带着两个儿子钻入地洞，长子10岁、次子8岁，分别枕在王牛儿的两膝上死去。据幸存目睹者讲：在他们父子未死之前，孩子呼母亲，父亲说："孩子！不要叫你母亲了，她不知死在哪里了，咱们死在一块吧！"

再如北疃村李菊怀中抱有一个不满周岁的小孩，孩子吃着乳头，母子双双惨死洞中。还有一位50岁妇女，两臂挽着约10岁左右的两个女孩仰面死在洞中。毒死在洞中者多为老年人、妇女和儿童。身体较壮的人，挣扎着寻找洞口，在五尺高、三尺宽的地洞里，能立起来走，但因中毒死者过多，尸体堵塞不能通行，即使能勉强摸到洞口爬出者，也未能躲过洞口鬼子的刺刀。

李庆祥、王俊杰和李记水是北疃毒杀惨案的幸存者，回忆当年的情景，老汉们都不寒而栗，李记水痛苦地说："那是1942年的5月27日。当时我18岁，在村里帮别人卖烧饼。那天一大早，突然听见打枪的声音，村里的人顿时就乱套了，我赶快随着很多人下了地道。地道里一片漆黑，走了不多远，我就闻到了呛鼻的气味，日本鬼子放毒气了。我就往一个秘密气眼(地道接通地面保证空气流通的气孔)跑。当时还有6个人一起躲在那儿。大概3个多小时以后，我们才分头从不同的出口出来。我扒着墙头一看，妈呀！院子里都是日本鬼子，密密麻麻的。我又下了地道。又过了很长时间，我才又从里面出来，当时已经是下午了。我偷偷到

今年已79岁的老人李庆祥是1942年“北疃惨案”的幸存者。半个多世纪过去了，老人依然惊惧与愤怒

一个村子躲了起来，第二天才回到村里。惨啊，地道里的人全死了，和我躲在一起的那6个同伴也都死了。”在那场惨绝人寰的毒气弹事件中，李庆祥老人一家八口死了一半。“我的一个18岁的姐姐，一个8岁的妹妹，还有两个兄弟，一个12岁，一个10岁，全没逃出来。”老人说，“我逃出来以后过了20多天，嗓子还一直疼、说不出话来，不停地流鼻涕。”王俊杰老人当年是民兵，日本人放毒气弹的时候他也下了地道，后来实在受不了了，他钻了出来，被日本人抓住了。日本人把他带到了大街上，大街上都是被抓住的乡亲。第二天，他被日本兵带到了石家庄的“劳工教习所”，20多天后，他又被带到了东北，挖了一年多的煤。

3. 血腥杀戮

豺狼成性的日军在北疃村除了往地道释放毒气毒杀群众外，还在地面上进行了惨无人道的屠杀。没有战死的被俘虏了。男的被杀，女的被奸污，有的被拉去奸污四五次，甚至连十几岁的少女和五六十岁的老太太也难以幸免。有些中

日本侵略军残杀我同胞

毒较轻者，爬出地道外，结果不是被枪杀，就是被绑在树上剖腹而死。5月28日，敌人走后定县县长李守真和县议长吕丁儒到北疃村进行善后工作，目睹了日本法西斯强盗洗劫后的惨状。北疃街头到处都是被杀害者的尸体。在南北街上倒下尸体50具，李家坟地里有尸体70具，李家街上有尸体250余具，村东北冯香云、王之恒家之井台上有尸体90多具，李洛敏家院子里被刺死29人。朱根德家土井里被砍掉头颅的有16人。死难者有的双拳紧握，怒目而视；伏卧者两脚踢地，双手刨起一堆泥土；有的满面怒容，肠胃露于腹外；有的血肉模糊死在血泊之中。朱根德家院子里，一青年被日军用轱辘将其头颅砸烂，脑浆迸流。青年妇女李朱儿赤身裸体坐于墙角，两腿分开头部倒向胸前而死。本村宋洛先新娶儿媳王白女，年20岁，跪伏于阎贵福之门口死去。李洛信被烧得焦头烂额，又被投到井中。

有很多从地道里逃出的人，被绑押到李家街路西的李洛敏家里去，交给袖上戴红布的鬼子。这就是当时所谓杀人不眨眼的“红部”。一天的工夫抓来几十人，日本鬼子把这些老百姓集中在两间小屋里，门关得紧紧的。这些老百姓在那间小屋里挤得喘不过气来，有的发烧，将自己的衣服脱光，有的喘息不止，鼻涕眼泪齐流，日本鬼子一口水也不给人们喝。其中有一个因中毒过重，神经错乱，口渴难忍，便推开小门，跪在院子里大声喊叫：“渴死人了，给点水喝吧！”房上站岗的鬼子，立即用三八枪将其击毙。这样一夜之间就死去了12人。

找到村北洞口的人们，挣扎着往外爬，但日本侵略军早已堵在这里，并烧起了大火。

年轻人爬得快，受火伤轻，但爬出后，有的被日本法西斯刺杀或枪杀，有的被扔到火里烧死，有的被敌人用铁丝穿着锁骨，绑在树上，用火烧死。

十几位老人、妇女、小孩爬出洞口，已是奄奄一息，敌人把他们一个个扔到王尚志家的水井里，水井变成了血肉井。被刺死者又经乱刀分尸，血肉模糊，难以辨认。被烧得只剩乌黑的人肉骨架，根本分不清是谁。被投到井里的，因天气炎热，人们一两天后去打捞时，尸体已经腐烂，不得已，只得将井填埋。1946年春，挖开这眼井时，挖出10个头颅，从头发和头颅的大小形状看，证明其中有一个是小孩。

5月27日下午，从洞内爬出的农民王文雪满身泥土，流着眼泪鼻涕一歪一斜地被日军押到朱根德家的南屋里。这时，屋里已有三四十人，这些人同王文雪一样，都是中毒后从洞内爬出来的。后来，又有些人被日本鬼子接连不断地押送到这里。到天黑时，一共押来了七八十人。敌人在门外站着岗，看守着这些无辜的人们。由于中毒过重，敌人又不给水喝，一夜工夫就死去了16人。

28日早饭后，日军把这些无辜百姓赶到朱根根家的大院里，他们端着上了刺刀的枪，紧紧包围着人们。翻译官对人们说："谁换上军装就能活命，不换死了死了的有。"接着又一个一个人地问，人们置之不理。翻译官见人们不说换，也不说不换，便喝令道："愿穿军装的留在西院，不愿换军装的到东院里去！"接着，鬼子每拉过一个老百姓，翻译官就问："你穿军装吗？"有的回答"不穿，"有的说"穿。"说穿的留在西院了，回答不穿的16个人，被押到东院去了。

到东院之后，王文雪看见本村的许根柱、许福山已被敌人枪毙在山药井旁。接着有个日军提来一桶水，将洋刀在水里蘸了蘸，把刘玉章拉到井旁，让其跪下，一刀将头砍下，把尸体踢下井去。接着又拉过四个人，按跪在山药井旁，一一砍头。当日军去砍第三个人时，王文雪冷不防从东西院界墙缺口处跳到西院，跑到正在换军装的人群里，换上了军装，才免遭砍杀。

下午，日军将换上军装的老百姓充作俘虏的"八路"，押到定县城（在去定县城的路上，又挑死14名走不动者）。从定县用汽车拉到石门劳工训练所。后来又把他们运到抚顺千金寨煤矿，充当劳工。

敌人走后，朱根德家山药井中发现15具尸体，其中有两个是枪杀的，13个是刀砍的，但人们不知死者遇难的经过，直到王文雪从千金寨煤窑逃回来，才知道死者被害的情况。

第二天下午，几十个还没有死的老百姓，被日本鬼子从房子里绑出来，一个个赤着臂膀，挽着裤腿。一个拿着战刀的日本军官，指挥着两个鬼子，把绑着的人们，拖到粪堆上，然后全部枪杀。当最后一个轮到李洛田时，他伸了伸脖子，望了望天，看了看地，咬紧牙关，毅然决然地走上刑场，枪响过后，他倒在血泊之中。子弹从李洛田的肩膀上部穿过，又由下唇处穿出，没有伤及要害部位，所以李洛田活下来了，成为日军这一暴行的见证人。

4. 揭露真相

5月27日至28日，日军盘踞北疃村两昼一夜，共毒杀、枪杀、刺杀、砍杀我同胞800多人，除此之外，还对我妇女横加奸污蹂躏，从十岁幼女到五六十岁的老太太，被奸污的妇女同胞，难以统计清楚，仅叫得出名的就有35人之多。

这个仅有222户、1227人的村子，经过日本鬼子大江部队制造的惨绝人寰的大屠杀之后，几乎成了荒无人烟的地方。

为控诉敌寇毒杀我冀中北疃八百无辜同胞，让全国乃至全世界人民知道侵华日军违背国际公法实施毒气战的真相，1942年6月26日，《晋察冀日报》对日军制造北疃毒杀惨案的情况进行了报道。同时，晋察冀军区司令部也发表通电，向全国、全世界控诉日本侵略者的滔天罪行。通电指出：

全国同胞，全世界人士：

为了维护世界的公理、公法及正义，我们有权利，同时也有义务将这次日本法西斯盗匪毒杀北疃村八百无辜人民的滔天罪行，在你们的面前揭露出来，向你们控诉、呼吁！

日本法西斯盗匪们这次对北疃人民的罪行是万劫难洗的。这是对公理、公法、正义的公然亵渎和蔑弃，对一切正义人民的更进一步的挑战！

仇恨和义愤充溢了我们的周身，使我们叙述这件事的经过时，呼吸为之哽塞。北疃，是冀中定南县的一个村庄。冀中人民深苦于日寇之残酷蹂躏，曾创设了地道以避之。北疃亦筑有此种地道。5月28日，日寇从附近各据点出动了300余人向北疃附近合击。附近十余村庄的人民。见敌来势凶猛，遂纷纷来北疃地道中隐蔽。但日寇匪徒蓄意屠杀此等无辜人民，遂采用了人类历史上最野蛮、最残暴、最卑鄙的手段，对此等躲避地道下的人民施行了惨绝人寰的毒手！自他们进入北疃村后，日寇反复找到了地道的入口，将大量的窒息瓦斯，投放进去。在日寇此等毒手下，我800余隐藏在地道中的手无寸铁的人民，大部为扶杖的老翁、老妪、妇女、儿童、病弱、乳婴，遂全部为毒气窒息毙命！他们的尸体塞满了地道，惨状使人目不忍睹，日本法西斯盗匪们用炮火和毒气，洗劫了北疃整个的村庄，使我们生气勃勃的地区，一变而为沉寂的地狱，听不到人们的笑声，听不到小儿的啼哭和鸡犬的鸣叫！

北疃惨案是日本侵略军在冀中犯下的屠杀罪行之一例。历史是公正的，1956年6月22日，北疃惨案的制造者上坂胜终于在沈阳受到中国人民的公正审判。在铁的事实和大量证据面前，上坂胜不得不认罪服法，以下是上板胜的口供：

1942年5月27日，在冀中作战中于定县南方22公里（地点忘了）及滹沱河北岸附近，制造事件之部队（是）上坂胜指挥的步兵第163联队。其中，在定县南方的罪行是第一大队所为，在滹沱河北岸地区的罪行是第二、第三大队所为，其残酷手段中最毒辣的，就是使用毒气，尤其将大批八路军战士和住民，驱入地道内而使用毒气，大批的人被杀，有的用刺刀刺杀或者用军刀斩杀及强奸等。以及为了收集情报，捉住居民来拷问，以及放火和破坏，掠夺财产更不用说了，都干过。这种残酷性就是帝国主义日本军队之特征。其结果使无数住民被杀，用具体数字来推测的话，这只限于推测来统计，即我之联队各中队所杀死、伤的人员，以最低限度来计算有3000人以上，其中特别是在定县的南疃、北疃杀害八路军、住民的数字约1000(人)；又在滹沱河北岸地区，杀害约2000(人)以上。我是如此教育日本帝国主义军队，发挥(其)残酷性(的)。我如何能赎回这种罪恶呢？这完全是我的责任，我痛感我的责任是重大的。我在中国人民各位面前衷心谢罪。

前面我的供述已经翻译用日语向我宣读，同我供述无误。

被讯人：上坂胜(签字)

为了纪念北疃毒杀惨案中死难的同胞，1946年当地抗日民主政府建立了"五·二七北疃惨案遇难同胞纪念碑"。

如今北疃的面貌已经发生了巨大变化，荒凉悲惨的景象已经成为过去，到处是青青的禾苗，欢快的羊群，呈现出一派生气勃勃景象。但是，日军在北疃制造的毒杀惨案仍然是一个令人窒息的回忆。

←图为北疃蒙难同胞遗骨，文字是战犯上坂胜对所犯罪行的确认

↓北疃惨案制造者前日本少将旅团长上坂胜

十一

湖滨浩劫：骇人听闻的厂窖惨案

屠杀过后，甸安河边的田头地间，房前屋后，河中岸边到处是尸体。昔日清澈的甸安河水，被鲜血染得通红，特别是一场暴雨过后，岸边的尸体被冲入河中，北风吹过，又将尸体吹集到甸安河的南端，塞满了一里多长的河道。

厂窖又名汉太垸，原属汉寿县，后划归南县。它由众多小垸组成，总面积50多平方公里，位于烟波浩渺的洞庭湖西北岸、南县的西南角上，三面环水，形如半岛，为扼守洞庭西北水陆的要冲。这里土地肥沃，物产富饶，盛产稻米、棉花、菜油、鲜鱼，是典型的美丽富饶的江南鱼米之乡。1943年5月9日，日军15000余人合围厂窖地区，仅三天三夜，便惨杀我同胞3万人以上，制造了骇人听闻的湖滨浩劫——“厂窖惨案”。

厂窖惨案同胞遇难纪念碑

1. 滨湖浩劫

1943年，世界反法西斯战争取得了战略反攻的节节胜利。在此背景下，侵华日军为了打通荆江航道，歼灭驻防荆江南岸和洞庭湖西北的国民党部队，威逼常德、长沙，从3月开始发动了鄂西、湘北战役。当时，日军集结兵力约三四万人，其中包括日第十一军第三师团（师团长山本三男）、独立混成第十七旅团（旅团长高品彪）及小柴支队、户口支队、针谷支队，由日军驻中国派遣军总司令兼华中派遣军司令畑俊六到武汉亲自指挥，

一九四一年到一九四三年，
日军实行残暴的“扫荡”。

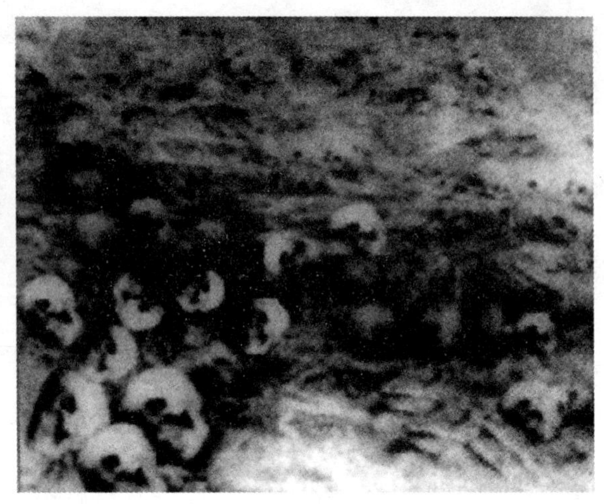

↑惨案幸存者全伯安老人带人们看日军当年屠杀厂窖人民时的现场
→厂窖镇新春村（永固垸）“千人坑”的累累白骨

从湖北荆江各个渡口大举南犯。与此同时，又从武汉、当阳出动飞机，骚扰我洞庭湖北岸。3月9日，日军侵占华容。5月初，南县、安乡等地相继沦陷。至此，整个洞庭湖北岸地区均先后沦陷于敌手。而这时，拥有10万之众的国民党滨湖驻防部队第七十三军等，却如同惊弓之鸟，一触即溃，纷纷夺路往西、南逃窜。于是，地处洞庭湖西北水陆要冲的厂窖地区成了国民党溃兵西逃的重要通道。

5月7日，从华容、南县、安乡等地败退下来的国民党第七十三军等部1万余人，奉命向厂窖方向集结，打算渡河西逃，再转移至汉寿、常德等安全地区。与此同时，大批逃难的国民党地方公务人员、学生、城乡居民、地方自卫武装及船民两万余人，也紧随西窜的国民党军，纷纷聚集在厂窖大垸及其沿河水域。就在这些溃兵、难民涌向厂窖地区时，日军也已从水陆空三方面完成了对厂窖地区的军事包围。

5月8日，日军以独立混成第十七旅团为主力，出动兵力3000余众，汽艇60多艘，分兵多路，向我厂窖地区并进。其陆路两股，分别由南县、安乡出发，直接进抵厂窖东、北各堤。水路亦分两股，分乘多艘汽艇，由岳阳港湖北太平口出发，沿岳（岳阳）茅（茅草街）、太（太平口）茅（茅草街）二航线，猖狂进逼厂窖境外东、西侧上下水域，以全部封锁水上交通和沿江各个渡口为目的。这样一来，国民党第七十三军残部和大批逃难群众的西撤退路，便被通通截断了。敌飞机则从武汉、当阳等地起飞，频频窜至厂窖上空，实行轮番轰炸扫射，与陆上、水上入侵的日军紧密配合，以造成对我同胞实行残酷大屠杀的态势。当时，西逃的国民党军残部和大批逃难群众，除少数乘船逃出外，绝大部分则被合围在此包围圈内。霎时间，人们极度恐慌，不知如何是好，整个厂窖地区笼罩在恐怖的气氛中。一场惨无人道的大屠杀随之开始。

日军完成对厂窖的合围部署后，便露出凶狠面目，滥杀狂烧，抢掠奸淫。日军大屠杀的地域，包括现汉寿西港以东，沅江草尾以北，南县肖公庙以西，以厂窖大垸为中心，方圆约百十里的地区。其中以现厂窖乡及其邻近地区受害最严重。根据统计，长25华里的太白洲至龚家港沿河一带，被杀群众达6800多人；长7华里的瓦连堤一带，被杀群众3000多人；甸安河一带，被杀群众3000多人；水固堤一带，被杀群众1500多人；连山垸一带被杀群众千人以上；里中湖周围，被杀群众800多人，至于垸内其他地区，被杀群众亦为数不少。另外，厂窖对岸的三岔河乡，被杀群众也超过2000人；下柴市乡被杀者约1500余人，游港乡被杀者1000余人，武圣宫乡被杀者500余人；靠近厂窖的安乡边境，被杀者1000余人。

2. 血洗厂窖

日军入侵我厂窖地区后，对我无辜同胞实行残酷的大屠杀。首当其冲者是永固垸、瓦连堤和甸安河(哑河)等地。当初，国民党第七十三军残部在西撤过程中，只先后在此对日军的进犯作过零星抵抗，等到合围完成后，日军即首先在此残酷地杀戮我无辜人民。

5月8日，乌云密布，细雨霏霏，道路泥泞不堪。听说日本鬼子沿东西河道到厂窖地区来了，住在东堤一带的村民和外地难民以及国民党溃兵，以为永古垸离河道较远，是个安全的地方，便纷纷朝这里逃命。傍晚时分，这里便拥来了上千难民和一个连的国民党溃兵。

9日上午，一股日军窜入永固垸，先以查找国民党残军为名，枪杀了我大批的男女同胞，紧接着便强迫群众下到各个湖塘捞取国民党部队丢弃的枪支，从

日本侵略军狞笑着挥刀把一位老农民的头砍下。

中又惨杀了不少。现该地的新春村，当时被杀群众即达千人以上，更为残酷的是日军统统实行集体大屠杀，或将我男女同胞成串地绑至各个屋场，集体枪杀或刀捅，或将我无辜群众绳捆索绑，而后推入水塘，活活淹死。仅戴吉禄一处禾场，先后被杀者达三批之多，共杀无辜同胞120多人。肖明生一家，是一个有29口人的四世同堂的大家庭，竟有24人被害，其中18人是被逼淹死的。肖明生虽然虎口余生，却因家中遭此横祸而疯癫了近一年。当时，虽有少数人逃生，但几乎都是从死尸堆里侥幸逃出来的，并且大都带有残伤。从戴吉禄禾场死人堆里逃出的马湘庭，全身被杀四刀，连肚子也被日军用刺刀捅穿了。

紧接着是瓦连堤被血洗。当时，成千上万的厂窖居民和大批外地难民，得知日军在永固垸屠杀，便纷纷逃往沟港、树丛、庄稼地里去藏身。日军来此扫荡后，看到多数家庭关门闭户，顿时兽性大发。一部分日军跑到各家各户，撞开大门，翻箱倒柜，抢劫一空，然后一把火将房屋烧掉。霎时，堤上烈火熊熊，一栋栋房屋在大火中倒塌。另有大股日军，排成长队，沿大堤两侧作梳篦式的来回“扫荡”，逢人便杀，一个不漏，前后共达五次之多。杨风山屋场的巷口里，60多个逃难同胞躲在这里。正当大家挤作一团不知所措时，一队穷凶极恶的日军出现了。日军迅速在巷外架起机关枪，十多个平端着上了刺刀枪的鬼子冲进巷里来。生死关头，几个大胆的青壮年赤手空拳与敌人搏斗起来，结果都惨死在敌人的刺刀下。日军又对剩下的人下毒手了，先是把30多个男人逐个捆绑，连成一串，赶进一口深水塘中全部淹死，又把20多个妇女赶进一所民房，逐个轮奸后，活活烧死。农民毕成举的一个不满周岁的孩子，也被日军抛入了熊熊烈火中。瓦连堤西端的风车拐，方圆不足半公里，被杀同胞700多人。幸存者王长生回忆说：“日本鬼子的铁蹄踏进风车拐，仅两天时间，他们就将这里及其邻近地区糟蹋成一片血泊世界。挨近风车拐南边的莲子湖，300多名同胞全被赶进湖里活活淹死。在风车拐的堤面、堤坡上被杀的有200多人。汤二秀屋台上也被杀了100多人。我家附近有个4岁的小孩，鬼子用刺刀捅进他的肛门，再用绳索将他绞杀。风车拐共28户人家，被杀绝的，就有13户。我躲在蚕豆地里，日军发现了我，对我刺了5刀，不知

留着同胞鲜血的藕池河

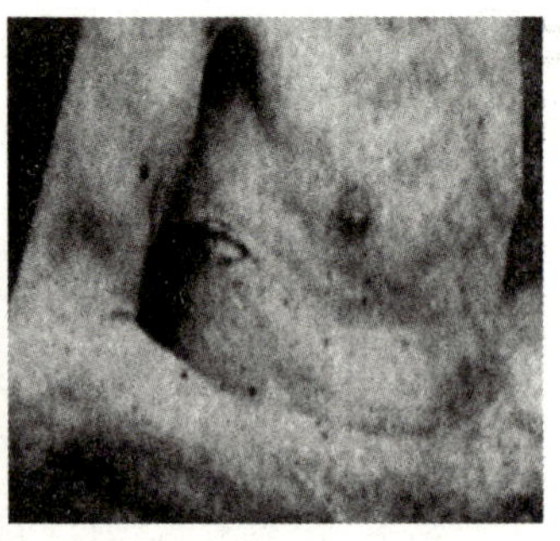

←惨案幸存者痛述日军暴行

↑厂窖新春村村民胡金生当年被日军杀成重伤后留下的右肋刀眼伤痕及右肘致残的惨况

流了多少血，终归捡了一条命。”日军杀人如麻，据统计，在瓦连堤一带被杀群众每里竟达430多人。

同遭日军大屠杀惨祸的还有厂窖垸甸安河一带（又名黑洲子）。这里长仅5华里，宽约200余米，到处是沼泽泥潭，是阻隔东西交通的天然壕堑。当5000多名国民党溃兵和难民试图从这里逃往汉寿时，被日军封锁包围。5月9日早饭过后，日军的骑兵队、步兵队在飞机掩护下，张牙舞爪闯进德福垸，向垸内的国民党溃兵、难民一步步紧缩包围圈，数千国民党溃兵为了活命，将枪械弹药弃入水中，换上便装混杂在老百姓中，他们惊恐万分地直往蚕豆、麦子、油菜地里乱钻。在紧缩的包围圈中，日军先出动骑兵飞舞着东洋刀，纵马横冲直撞。中国军民被刀砍死的，被马踩死的不计其数。庄稼地被马踏平，活着的人暴露无遗，人们只好四处乱跑。甸安河边，3000多名国民党士兵在身处绝境下，被迫跳进了甸安河中，结果不是被日军的机枪扫射而死，就是被飞机轰炸而死，几乎无一生还。接着日军又出动步兵对东奔西窜的军民进行大抓捕，并将抓到的人用绳子一个个串起来，集中到甸安河边的几个禾场上进行屠杀。顷刻，数千同胞的生命在日军的屠刀下化为冤魂。据调查，此地被杀致死者即达三四千人（其中国民党溃兵占多数）。据周雅清回忆：日军撤退后和他一道泅水逃命的100多难民（内有部分化装为民的国民党溃兵）中，仅有他和另一名难民得以侥幸生还，余皆遭日军枪杀。李正生夫妇是专搞迷信活动的人，他们声称已求得菩萨保佑，只要躲到他家，日本鬼子就不敢来杀人。愚昧善良的村民信以为真，纷纷来到李家躲难。谁知9日下午，日军一个小分队端着明晃晃的刺刀冲进李家，杀死了端坐在神龛正中的李正生夫妇，接着将躲在这里的100多人统统赶到一块空地上剥光衣服，用绳子捆住手，疯狂砍杀。

屠杀过后，甸安河边的田头地间，房前屋后，河中岸边到处是尸体。昔日清澈的甸安河水，被鲜血染得通红，特别是一场暴雨过后，岸边的尸体被冲入河中，北风吹过，又将尸体吹集到甸安河的南端，塞满了一里多长的河道。

尸体腐烂后，臭气熏天，几里之外还可闻到。从此当地人便把甸安河叫做“血水河”，并且流传着一首民谣：“甸安河，甸安河！日军来了遭惨祸。几千同胞齐遇害，尸体挤得个挨个；五里长河成血海，野狗无桥可通过。”这正是日军在甸安河所犯暴行的真实写照！

日军合围厂窖地区时，被堵截在两岸沿河水域的大小民船，多达2500多艘。为了集中屠杀，日军舰艇逼迫沿河民船统统向厂窖堤岸靠拢，而后水陆配合，逐段烧杀。事后统计，这一次遇难的船民及逃难同胞达6800余人。在龚家港河段，

厂窖“千人坑”遗址

日军堵住两头入湖河口后，上千条船只塞满了河面。日军在这里大肆烧杀，结果船只被烧的片木不留，被杀船民、难民千余人。

在厂窖范围内的其他地区，日本侵略军对我同胞同样实行了残酷屠杀。仅两百多亩面积的连山垸，受害者尸体竟达五六百具。当时的作新乡死难群众120多人，其中全家被杀绝者8户；有一个日本兵，独自一人杀了我们50多个男女同胞；有3个日本兵，共同杀了我们100多个男女同胞，刺刀戳弯了，用斧头劈，凶残至极。在戴吉禄禾场，日军把120名群众五花大绑捆起来，四周架起机枪，用刺刀逼着人们成排跪下，几番盘问后，便在一阵阵嚎叫声中，将这些手无寸铁的男女同胞刺死，仅有3人侥幸生还。

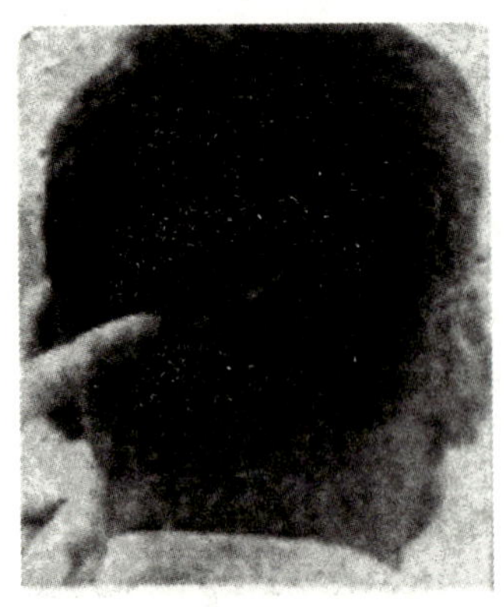

↑厂窖汉新村村民汤光保当年被日军杀成重伤后留下的后脑伤疤

3. 烧杀淫掠

大屠杀中，日军烧杀淫掠，无恶不作。在玉成垸，敌人为了“锻炼”刺杀本领，竟用东洋大刀砍死我男女同胞30多人。更有甚者，鬼子将我同胞三五十人为一串，用纤索捆绑拴至汽艇后面，然后开足马力，拖在河里活活淹死。或者用纤绳织

→惨遭日军迫害的中国民众

成活套结，将我船民、难民的脖子成串锁住，然后逼入河中使其死去。被害者入水后，愈挣扎，脖子上的绳结愈紧，敌兵见此情景，还狰狞狂笑不已。同成垸的汪宏奎，当时已60岁，耳有点聋。鬼子见他问话不答，或答非所问，就举刀将其舌头与下颚一并割掉，不几天即惨痛死去。瓦连堤的彭连山身患肺病，被敌兵抓获后因见其行动迟慢，便用东洋刀凶狠地将他砍成数块，而后将碎尸抛入藕塘中。据调查，日军大屠杀时，

有一次敌兵竟用刀将两个难民的胆囊挖出，然后用手挤出胆汁，装入随身携带的瓶内予以"珍藏"。

除此之外，敌人还用焚身、敲脑浆、烫身、剖腹、挖眼、割耳、灌凉水等酷刑，肆意惨杀我受难同胞。

日军的屠杀令人发指，在这些野兽们的眼里中国百姓的生命如同草芥。为了节省弹药，他们多采用集体屠杀的方式。指挥屠杀的日军军官甚至命令士兵：

我妇女同胞被日军押解到司令部调戏、强奸、杀害

“当杀人时，应尽可能将其聚集在一块地方，节省子弹和劳力。……无论什么时候，须以不令一兵漏网，全部歼灭，不留痕迹为主旨。”

在厂窖大屠杀期间，敌兵总是一边杀人，一边烧掠，大搞焦土政策。5月7日，日军占领南县，当晚即纵火焚毁了南县县城，除县政府及县立学校留一点房屋外，其他民居全部烧光。街上留着一滩一滩的血痕，甚至出现“饥饿的白黄狗四处扒开瓦片找死尸吃”的惨景。日军在厂窖，更是横行无忌，就连附近的茅草街、狗头洲等小集镇，也“付之一炬”。其中武圣宫被焚烧了两次，“一直烧得片瓦无存，敌人才发出狰狞的笑容退去”。

白天，他们纵火、杀人和抢掠，夜晚则纵火为其作联络和行动的信号。据调查，仅现今的厂窖乡，除被日军烧毁民房3000多间、船只2500多艘以外，其他因纵火焚毁而造成的损失有：猪4000头，牛200头，家禽近万只，粮食50万斤，外加衣服、被盖等5万余件，农家具万余件。

更有甚者，日军还在焚烧房屋时，把我同胞成群结队地往火里赶，使之同归于尽。仅瓦连村当时便有20多名妇女被大火烧死。

日军在占领厂窖期间，对我妇女同胞更是百般蹂躏，穷凶极恶。小至十来岁

日军正以杀人为乐

的幼女,大至六七十岁的老妇,凡躲避不及者,都不能幸免。当时还是一小楼镇的茅草街,“敌人仅在这地方盘踞一日夜,但被奸淫的妇女,却有三四十人之多,其中有小女之初,年仅10岁,惨被敌兵2名轮奸,其母痛恨,与女投河而死”。不仅是一般妇女难免被强奸,“连修道的童贞女也强奸了”。甚至老太婆、孕妇、产妇、经期女人等,也难以逃脱被侮辱的灾祸。德福村当时有个年逾60的老妇人,见日军枪杀她两个儿子,想跑出屋外救护,没想到被日军发觉,惨遭轮奸,这几个野兽事后还拍手狞笑。因奸致死者,几乎到处可见。瓦连堤有一怀孕妇女,惨遭敌兵7人轮奸,后又被鬼子踢伤腹部,八九日后悲惨死去。更惨的是,鬼子在强奸孕妇后,还用刺刀从肚里挑出胎儿,使母子俩同归于尽。某乌篷船一名仅12岁的女孩,被一群鬼子轮奸致死,尸体被丢入河中。对此暴行,连入侵厂窖的日军也不得不承认:“如果将参加过战争的人一一加以调查,大概全是杀人、抢劫、强奸的犯人。”

4. 抗暴杀敌

对于日军的烧杀淫掠,厂窖地区的老百姓愤慨不已,他们自发地进行了积极的反抗。易其华智杀日本兵,就很有代表性。日军进犯厂窖时,湖中的蒿草丛中,藏匿着许许多多的难民。当时,易其华也在此避难。黄昏时分,一阵枪响之后,突然传来女人的惨叫声。原来是鬼子抓着一名妇女,正在找船渡湖西去。他见到这种情景,顿时满腔怒火,决心解救这名女同胞。他从篙草丛中划出一条渔船,装出一副“迎接大君”的笑脸,请鬼子与妇女同时上船。鬼子见他如此“殷勤”,便放松了戒备。船驶到湖中,易其华抓住时机,在那女同胞的默契配合下,经过船上的一番搏斗,终于拔掉了鬼子身上的佩刀,并结果了他的狗命。余泽庭,可谓是一位敢斗敢拼的民族勇士。他当年40多岁,遇到4个鬼子追杀他,情急之下,他持长斧与鬼子展开搏斗,并用斧头打坏了鬼子一枝枪。后来虽然因寡不敌众,肚子被鬼子刺伤,肠子流出,但他还是手按伤口继续战斗,手拿一根杠子,打翻一个敌人,杀开血路安全逃出。从南县逃难来永固垸的原湖西中学学生曾定满，当时18岁，其抗敌事迹更是可歌可泣。鬼子杀害他时，他毫不畏惧，临死前还高呼“打倒日本帝国主义！”“中华民族万岁！”等壮烈口号。还有很多女同胞，宁死不辱，与日军拼死搏斗。其中一名妇女，在日军追她到河边时，竟一把抱住一名日本兵共同滚入河中，双双溺死。据后来统计，日军大屠杀时，厂窖妇女同胞中因拒不受辱而壮烈死难者有名有姓者，即达50多人。

“厂窖大惨案”中，侵华日军屠杀我同胞共达3万多人，这是十分罕见的。据统计，仅厂窖乡一地，无辜群众被杀者即有19000多人；国民党第七十三军等部官兵被杀者5000多人；厂窖附近地区，如武圣宫、三岔河、下柴市、游港及安乡边境等地，被杀者达6000多人。此外，在这次大惨案中，被日军摧残致伤者3000多人，被强奸的妇女2500多人，烧毁房屋3000乡间，焚毁船只2500多艘。

惨案过后，厂窖一片凄惨荒凉，听不到孩子的啼哭，也听不见犬吠鸡鸣。当时的情景，正如1943年6月26日湖南《国民日报》发表的署名兰天的《滨湖浩劫记》所言：“五月八日敌寇窜扰厂窖，在该地连杀四天，堪比‘扬州十日’。该地域周围达五十里的湖滨冲积平地，居民三万余，再加难民及退守国军计达四五万人。而当时惨遭屠杀的达数万之多，满地尸首，河水为赤，浮尸断流，惨绝人寰。”时过四年，长沙《中央日报》记者李震一采访厂窖时，当年屠杀的悲惨场面依然残存，他在《湖南西北角》一书中这样写道：

“这是我国八年抗战稀有的惨案。事隔四年，河岸还有冤死者的白骨，河中还有烧余下来的船板。我到厂窖，秋风秋雨的重阳刚过，云愁雾惨，草木萧萧，听一个身杀七刀尚能幸存的再生者指画着当年悲剧的演出，觉芦岸浅汀之间，犹森森有鬼气！”

“厂窖惨案”是抗日战争期间罕见的大惨案。为了铭记遇难同胞，警示后世，中共南县县委、南县县政府在厂窖修建了厂窖惨案同胞遇难纪念碑、厂窖爱国主义教育展览馆，并将相关内容编入乡土教材，拍成电影，对人民群众、干部、学生进行爱国主义教育。